성경과 의학

성경과 의학

초판1쇄 인쇄 2017년 3월 10일
초판1쇄 발행 2017년 3월 13일

지은이 차 한
발행인 이왕재

펴낸곳 건강과 생명(www.healthlife.co.kr)
주 소 110-460 서울시 종로구 대학로7길 7-4 1층
전 화 02-3673-3421~2 팩 스 02-3673-3423
이메일 healthlife@healthlife.co.kr
등 록 제 300-2008-58호

총 판 예영커뮤니케이션
전 화 02-766-7912 팩 스 02-766-8934

정 가 12,000원

ISBN 978-89-86767-40-7 03230

'라온누리' 는 도서출판 '건강과 생명' 의 새로운 출판브랜드입니다.
본서의 성경구절은 달리 언급되지 않는 한 '그리스도 예수 안에' 에서
출간된 《흠정역 성경》에서 인용하였습니다.

성경과 의학

말씀누리

❋ 목차

✳ 서문

국민일보에 매주 연재하였던 건강칼럼을 엮어 만든 단행본 〈성서 건강학〉이 출간된 지 7년여가 지났다. 이후에도 하나님께서는 월간 〈건강과 생명〉을 위시하여 여러 매체에 계속해서 신앙칼럼을 쓸 수 있도록 은혜를 베풀어 주셨다. 그리고 수년 전부터는 가천의대 교과 과정에 '선택의학' 강좌가 마련되어 성경적 관점에서 의학적 이슈들을 강의할 수 있는 놀라운 특권도 허락해주셨다.

이러던 중 강의에 도움이 되는 참고문헌으로 필자의 칼럼들을 묶은 책이 나오면 좋을 것 같다는 생각을 하게 되었다. 물론 책을 출간할 때마다 느끼는 것이지만, 또 하나의 책을 발간하는 동기에서 저자의 공명심을 완전히 배제할 수 없음을 다시 고백하지 않을 수 없다.

그러나 오직 하나님의 긍휼과 은혜를 구하며 기도하던 가운데 하나님께서 책의 출간에 필요한 재정도 신묘막측한 방법으로 마련해주셨다. 필자와 이십년 가까이 성경공부를 함께 하고 있는 남동호 교수 내외의 하나님에 대한 사랑이 없었다면 아마 이 책은 출간되지 못했을 것이다.

이 책은 총 5부로 구성을 하였다. 성경 속 의학, 성경 속 질환, 뉴에지 의학, 성경과 건강, 건강과 생명 등의 주제 하에 각각 3편의 칼럼들을 실었다. 그리고 부록에서 필자가 출석하는 인천국제침례교회(IIBC)의 외국인들을 위해 영어 간증설교 한 편과 또 진화론에 세뇌된 현대인들을 위한 칼럼도 첨가하였다.

그간 필자의 책들을 읽어본 독자들이라면 잘 아시겠지만 이 책의 약 4분의 1 정도는 이미 저자의 기존 책들에 수록되어 있는 내용들이다. 그럼에도 〈성경과 의학〉이라는 제목 하에 다시 수록하는 까닭은 성경적 관점에서 중요한 의학적 진실들을 자세히 앎으로써 올바른 세계관을 갖는 데 훨씬 도움이 되리라 여겼기 때문이다.

앞으로 이 책이 누구의 손에 들려 읽히든지 생명의 역사가 순결하게 확산되기를 소망한다. 아울러 일일이 거명을 하지는 못하지만 필자의 사역을 위해 지속적으로 기도해주고 계시는 많은 동역자들께도 지면을 빌려 진심으로 감사의 마음을 전해드리며, 이 책을 통해 오직 하나님께로 모든 영광과 존귀가 올려지길 기도한다.

2017년 3월 1일 차 한

1부 _ 성경 속 의학

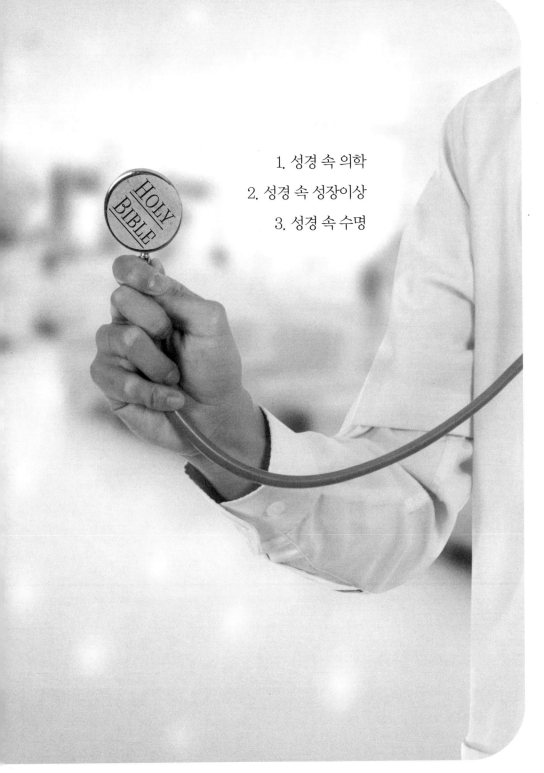

성경 속 의학

1. 들머리

진정 거듭난 그리스도인들이라면 성경이 절대 진리의 말씀이라는 사실에 다 동의를 할 것이다. 그러나 성경이 우리를 영생의 길로 인도하는 유일한 영적 안내서일 뿐 아니라 현대 과학보다 훨씬 앞선 과학서라는 사실은 신실한 그리스도인들에게조차 잘 알려지지 않고 있다고 생각된다.

성경은 물리학, 천문학, 수문학, 기상학, 지리학, 생물학 등 자연과학뿐 아니라 연대학, 역사학 등 인문과학적인 면에서도 전혀 오류가 없으며,

오히려 현대과학이 수천 년 전 기록된 성경에 나타난 과학적 사실들을 뒤늦게 확인해주고 있는 형국이라고 할 수 있다.

따라서 이 글에서는 성경 속에 나타난 다양한 과학적 주제 중 의학에 국한하여 일곱 가지 사항들에 대해서 간략히 언급을 함으로써 성경이 위대한 의학서이기도 하다는 사실을 제시하고자 한다.

2. 인류 기원

1987년 인류의 기원에 대하여 세계를 경악케 만든 하나의 가설이 발표되었다. 버클리대학의 윌슨(Allan C. Wilson)이 그해 1월 7일자 네이처에 기고한 논문에서 세계 곳곳의 여성 147명의 미토콘드리아 DNA를 분석하여 이들의 염기 서열(nucleotide sequence)의 변이를 추적하여 계통도를 만들어 본 결과 ('균일론'에 근거하여 백 만년에 2~4% 정도로 미토콘드리아 DNA 변이가 있을 것이라는 가정 하에 계산을 하여 지금으로부터 10만 년 내지 20만 년 전에) 아프리카의 에티오피아 지방에 존재했던 한 여성이 현생 인류의 공통의 조상이라는 주장을 하였다.

그의 주장은 수많은 논란을 불러 일으켰지만 10년 후인 1997년 10월 다른 연구팀(Stanford U, U of Arizona, U of Pennsylvania)에서 유사한 방법으로 남성의 세포핵 내의 DNA에 포함되어 있는 Y염색체 서열을 분석하여 발표한 남성 계통 흐름도에 의해서 다시 지지가 되었다. 즉 이들의 독립적인 결과도 현존하는 남성의 공통의 조상은 (10만 년 내지 20만 년 전에) 에티오피아 지방에 존재했던 한 남성이라는 것이었다.

그리하여 이 두 연구 발표를 종합해서 현생 인류는 (지금으로부터 10만 년 내지 20만 년 전에) 에티오피아 지방에 존재했던 한 남성과 한 여성의 자손이며, 아프리카로부터 세계 각지로 흩어졌다는 'Out of Africa 이론'이 성립되었다.

이 이론은 물론 '잘못된 가정'에 따라 연대를 측정하였기에 성경 속 인물들의 계보 연구에 의해 추정된 '세계 역사 6,000년 + 알파'의 연대 계산과 큰 차이를 보이고 있지만, 인류가 한 남성과 한 여성으로부터 나왔다고 하는 성경적 사실을 확인해주고 있다.

> "이처럼 하나님께서 자신의 형상으로 사람을 창조하시되 하나님의 형상으로 그를 창조하시고 그들을 남성과 여성으로 창조하시니라." (창1:27)
>
> "아담이 자기 아내의 이름을 이브라 하였으니 이는 이브가 모든 산 자의 어머니였기 때문이더라."(창3:20)

3. 할례

BC 2000년경 하나님께서 아브라함과 언약을 맺으시면서 모든 사내아이는 태어난 지 8일에 할례를 받으라고 하셨다(창17:12). 그래서 유대인들은 고대 그리스나 로마 시대에 할례를 하면 사형을 시키던 때에도 사내아이가 태어나면 8일에 할례를 행하곤 하였다.

그러나 현대의학이 발달하면서 신생아의 포경수술은 주로 고통을 별로 못느낄 것이라 여겨지는 출생 직후에 행해졌다. 게다가 1999년부터 미국소아과학회에선 신생아의 포경수술을 의학적 목적이 없다면 권하지 않고 있다.

그러면 왜 하나님께서는 유대인들에게 신생아의 할례를 명하신 것이며 그것도 출생 직후가 아니라 8일에 하라고 하신 것일까?

우선 8일은 창조의 한 주기를 보낸 다음날이므로 '새 창조'(重生)를 의미하기 때문에, 8일에 할례가 행해짐으로써 할례가 영적으로는 마음의 포피에 행하는 것이라는 의미가 잘 드러날 수 있게 된다(요3:3-8; 골 3:9; 신10:16; 30:6; 롬2:28,29).

그러나 순전히 의학적으로 판단해 볼 때 포경수술을 신생아가 받아야 한다면 굳이 8일까지 기다릴 것이 아니라 통각이 발달하기 전에 빨리 받는 것이 좋다고 생각할 수 있을 것이다. 그렇지만 만일 고통이 덜 할 것으로 생각해 아이를 낳자마자 아무런 의학적 조치 없이 할례를 행한다면 혈액응고가 어려워 매우 위험한 결과가 초래될 수 있음을 알아야 한다.

물론 요즈음은 어느 병원에서나 아이가 출생하면 즉시 비타민 K를 주사하여 혈액응고 기능이 향상되게 함으로 출생한 당일이나 다음날 포경수술을 받아도 문제가 되지는 않는다.

일반적으로 혈액응고에 필수 요소인 프로트롬빈의 양은 생후 3일이 되면 성인의 30%에 달하고, 그 후 계속 증가해서 생후 8일에 성인의 110%로 가장 높아지며 이후 점점 감소하게 된다. 그러므로 비타민 K

를 투여하여 인위적으로 프로트롬빈 농도를 높이기 위한 의학적 처치를 행할 수 없다면, 할례를 받기에 가장 좋은 때는 난 지 8일째인 것이다.

> "너희 대대로 모든 사내아이는 집에서 태어난 자든지 또는 네 씨에서 난 자가 아니라 타국인에게서 돈으로 산 자든지 난 지 여드레가 되면 너희 가운데서 할례를 받을지니라."(창17:12)

4. 피

대략 주전 4세기부터 주후 19세기에 이르기까지 이른바 사혈요법 (bloodletting)이 인기를 끌었다. 질병의 원인이 '나쁜 피'에 있다고 생각되어 피를 뽑는 시술을 한 것인데 이는 동양이나 서양 양쪽 의학사에 공통적으로 보이는 치료였다.

사혈요법으로 인해 미국의 초대 대통령 워싱턴을 비롯해서 수백만의 사람들이 사망하게 되었다. 의학이 발달하여 피가 생명을 전달하는 것이 밝혀지기 전까지 사람들은 피가 질병을 전달한다고 생각했기 때문이었다.

그러나 성경은 피로 인해 우리에게 생명현상이 있게 됨을 밝히 알리고 있다(레17:11상).

> "이는 육체의 생명이 피에 있기 때문이니라."(레17:11상)

그리고 하나님께서는 노아의 홍수 이후 인간이 모든 동물을 먹을 수 있도록 하셨지만(창9:3,4), 피째로 먹지는 말라고 하셨다(레3:17; 7:26,27; 17:10-14; 19:26; 신12:16, 23-25; 15:23; 행15:28,29).

왜냐하면 영적으로 문제가 되기 때문이었다. 피를 마시며 제사를 드리는 이방 종교의 나쁜 관습에 물들 우려가 있고(시16:4), 인간의 죄를 속하기 위해서는 피가 특별히 존중되어야 했기 때문이었다(레17:11).

아울러 우리의 육적 건강에도 좋지 않기 때문이었다. 동물의 피가 인간에게 유해함은 다음과 같이 과학적으로 잘 증명이 되어 있다.

첫째, 죽은 동물의 피를 먹으면 유독 성분을 섭취하게 되어 몸에 이상이 생길 수 있다.

둘째, 우리 몸에 해로운 균이나 '스파르가눔' 등의 기생충에 노출될 수 있다.

셋째, 피를 먹으면 '위축신'(萎縮腎, atrophy of the kidney)과 같은 신장 이상이 초래될 수 있다.

넷째, 피를 먹으면 잔인한 성격의 소유자가 될 수 있다.

다섯째, 피를 너무 많이 먹으면 성적 흥분 상태가 유발될 수 있다.

따라서 영육 간에 강건해지기 위해서는 피를 먹지 않아야 할 것이다.

> "너희는 너희의 모든 거처에서 날짐승의 피나 짐승의 피나 무슨 피든지 먹지 말지니라."(레7:26)

5. 돼지고기

얼마 전 (2012.12.8) MBC TV 뉴스데스크에서도 상세히 보도가 된 적이 있지만 덜 익힌 돼지고기를 먹을 경우 '유구낭미충'이라는 기생충에 감염이 될 수 있다.

국내 한 대학이 조사한 결과 이 기생충에 감염된 사람이 3%가량 된다는 결과가 나왔고, 건강보험심사평가원에 따르면 이 기생충 감염 건수만 매년 800건에 이른다.

돼지고기에 있는 콩알만 한 유구낭미충이 사람 몸속에 들어오면 5미터까지도 성장하는 갈고리촌충으로 자랄 수 있고, 이 갈고리촌충이 낳는 수천 수만 개의 알이 사람의 몸 곳곳으로 퍼질 경우 돼지고기 한번 잘못 먹었다는 이유로 목숨까지 잃을 수도 있다.

그래서 근육이나 뇌나 눈 같은 곳으로 유구낭미충이 들어가게 되면 그 침범 부위에 따라서 아주 다양한 증상을 보이기 때문에 얼른 처방약을 써야만 심각한 임상결과를 예방할 수 있게 된다.

그러나 무엇보다도 중요한 예방법은 원인을 근본적으로 차단하는 것이다. 즉 이 병(cysticercosis)은 덜 익은 돼지고기를 먹거나 오염된 물을 통해서 감염되기 때문에 레위기에서 말씀하시는 대로 익히지 않은 돼지고기를 먹지 않으며 식사 때마다 손을 깨끗이 씻어야 하는 것이다.

> "돼지는 굽이 갈라져 쪽발이나 되새김질을 하지 아니하므로 너희에게 부정하니 너희는 그것들의 고기를 먹지 말고 그것들의 사체를 만

지지 말지니라. 그것들은 **너희에게 부정하니라.**"(레11:7, 8)

6. 피부질환

한때 문둥병 또는 나병이라고도 불렸던 한센병(leprosy)은 레프라 간균에 의한 감염성 질환으로서 현재 발생률이 인구 십만 명 당 0.12명으로 과거에 비해 훨씬 줄어들었다. 이는 항생제의 개발 및 한센복지협회와 같은 의료복지 여건이 향상됨으로 인해 가능하게 되었다.

그래서 오늘날 한센병은 발병하더라도 약을 먹으면 다른 사람에게 병을 옮기지 않으며 성적인 접촉이나 임신을 통해서도 감염되지 않는다. 아직까지 한센병은 제3군 법정 전염병으로 지정되었지만 격리가 필요한 질환이 아니며, 병형에 따라 다르긴 하지만 꾸준히 약을 먹으면 완치도 가능하다.

성경에는 한센병을 진단하고 정결하게 하는 법을 소개한 레위기 13장과 14장 외에도 수많은 곳에서 한센병이 언급되고 있다(출4:7,8; 레22:4; 민5:1-4; 12:1-13; 신24:8; 삼하3:28,29; 왕하5:1-27; 15:1-7; 대하26:16-23; 마8:1-4; 26:6; 막1:40-45; 14:3; 눅4:27; 5:12-15; 17:11-19).

그런데 성경에서 말하는 한센병들이 모두 1874년 한센이 명명한 레프라 간균에 의한 것이라고 할 수 없다. 성경에서는 좀더 포괄적인 의미의 피부질환으로 한센병이 사용되고 있다.

발병원인에 대해 무지하였고 항생제가 개발되기 전에 살았던 성경시대의 사람들에게 한센병과 같은 전염성 피부질환에 대한 대책은 전무

할 수밖에 없었을 것이다. 그렇지만 하나님께서는 모세를 통해 다른 이들이 감염되지 않도록 피부질환들에 대한 진단과 격리지침 및 전염원의 제거 방침들을 자세히 기록해 놓으셨다(레13:45,46; 민5:1-4; 신24:8; 왕하15:1-7).

> "그 병이 그에게 있는 날 동안에는 그가 늘 더러우리라. 그는 부정한즉 혼자 살되 그의 거처는 진영 밖이 될지니라."(레13:46)
>
> "그런데 그것이 의복의 날실에나 씨실에나 어떤 가죽 물건에 여전히 보이면 그것은 퍼지는 병이니 너는 그 병이 있는 물건을 불로 태울지니라."(레13:57)

7. 공중 및 개인 위생

주후 1800년대까지도 유럽에서는 인간의 배설물은 길거리에 그대로 내버려졌다. 심한 악취가 도시나 마을에 진동하였다. 파리들이 그 오물 속에서 번식하고 그로 인해 발생하는 질병들로 인해 수백만의 사람들이 사망하기도 하였다.

그러나 이들이 성경 말씀을 제대로 알았더라면, 그래서 격리조치나 배설물의 폐기처분 등과 같은 공중위생 개념을 이해하였더라면 장티푸스, 이질, 콜레라 등과 같은 질병에 희생된 수많은 생명들을 구할 수 있었을 것이다(레13:46; 신23:12,13).

> "너는 또한 진영 밖에 한 장소를 두고 거기로 밖으로 나가되 네 무기 위에 작은 삽을 가지고 나가 밖에서 네 몸을 편하게 할 때에 그 삽으로 땅을 파고 몸을 돌이켜 네게서 나오는 것을 덮을지니"(신23:12,13)

또한 주후 1900년 이전에는 의사들조차 감염성 환자들과 접촉한 후에도 손과 옷을 씻지 않고 다른 환자들을 진료하였다. 이로 인해 그 감염성 질환들이 전염되면서 많은 이들이 죽게 되었다.

감기, 식중독, 수인성 질환, 조류독감 등 대부분의 전염성 질병 예방에 필수적인 것이 바로 '손 씻기'다. 왜냐하면 손은 신체 가운데 각종 유해 세균과 가장 많이 접촉하는 곳이며 가장 많은 병균 창고이자 질병의 온상이기 때문이다.

그런데 예방의학의 지침서라 할 수 있는 레위기를 보면 역시 현대의학보다 수천 년 앞서서 질병 예방을 위한 '손 씻기'의 중요성이 강조되고 있다(레15:11-13; 17:15,16).

> "유출이 있는 자가 물로 손을 씻지 아니하고 누구든지 만지면 그 사람은 자기 옷을 빨고 물로 목욕할 것이며 저녁까지 부정하리라. 유출이 있는 자가 만지는 질그릇은 깨뜨리고 나무 그릇은 다 물로 씻을지니라. 유출이 있는 자가 자기의 유출에서 깨끗하게 되거든 스스로 정결하게 되기 위해 자기를 위하여 이레를 센 뒤에 자기 옷을 빨고 흐르는 물에 살을 씻을 것이요, 그리하면 정결하게 되리라."(레15:11-13)
> "스스로 죽은 것이나 짐승에게 찢긴 것을 먹는 자는 너희 나라 사람이

든지 타국인이든지 다 자기 옷을 빨고 또 물로 목욕할 것이며 저녁까지 부정하고 그 뒤에 정결하려니와 그가 그것들을 빨지 아니하거나 자기 살을 씻지 아니하면 자기 불법을 담당하리라."(레17:15,16)

8. 대사증후군

1998년 WHO에서 새롭게 명명한 대사증후군(metabolic syndrome)은 '저내당능 장애'(당뇨의 전 단계), 고혈압, 고지혈증, 비만 등 심혈관 질환의 여러 위험요인이 한 사람에게 동시다발적으로 일어나는 현상을 말한다. 이처럼 여러 가지 성인병이 복합적으로 나타나는 대사증후군을 예방하기 위해서는 꾸준한 운동과 아울러 동물성 기름을 피하며 식이섬유소가 함유된 저혈당 식품 위주의 식생활을 하는 것이 중요하다.

그런데 현대의학에 앞서 성경 곳곳에서 대사증후군의 예방을 위한 지침이 발견되고 있다.

첫째로, 하나님께서는 꾸준한 운동을 우리에게 명령하신다(창3:19상; 시128:2; 살후3:10하).

"땅으로 돌아가기까지 네 얼굴에 땀을 흘려야 빵을 먹으리니 이는 네가 땅에서 취하여졌기 때문이라."(창3:19상)

"네 손이 수고한 것을 네가 먹으리라. 네가 행복하고 형통하리로다."(시128:2)

> "누구든지 일하려 하지 아니하거든 먹지도 말라고 하였노라."(살후 3:10하)

둘째로, 식용으로 허락하신 소, 양, 염소 등 깨끗한 동물이라도 지방 조직 곧 동물성 기름은 먹지 말라고 하신다(레7:22-24).

> "주께서 모세에게 말씀하여 이르시되, 이스라엘 자손에게 말하여 이르라. 너희는 소나 양이나 염소의 기름 중 어떤 것도 먹지 말 것이 요, 스스로 죽은 짐승의 기름이나 짐승에게 찢긴 것의 기름은 다른 용도로 쓰려니와 결코 먹지 말지니라."(레7:22-24)

마지막으로, 과식을 하지 말 것을 강력하게 명령하신다(잠23:2,3,21; 눅21:34).

> "네가 만일 식욕에 빠진 자이거든 네 목에 칼을 둘지니라. 그의 맛 있는 음식들은 속이는 것들이니 그것들을 바라지 말라."(잠23:2,3)

9. 마무리

성경은 교리와 책망과 바로잡음과 의로 교육하기에 유익한 하나님의 말씀으로서 의학을 포함한 모든 선한 일에 우리가 철저히 갖추어지게 할 수 있는 능력의 책이다(딤후3:16).

> "모든 성경 기록은 하나님의 영감으로 주신 것으로 교리와 책망과 바로잡음과 의로 교육하기에 유익하니 이것은 하나님의 사람이 완전하게 되어 모든 선한 일에 철저히 갖추어지게 하려 함이라."(딤후3:16)

이제 성경이 위대한 의학서이기도 하다는 사실을 알고서 더욱 성경말씀을 탐구하고 사랑하며 하나님을 영화롭게 해드리는 삶을 살아가도록 하자(딤후2:15).

> "너는 진리의 말씀을 바르게 나누어 네 자신을 하나님께 인정받은 자로, 부끄러울 것이 없는 일꾼으로 나타내도록 연구하라."(딤후2:15)

성경 속 성장이상

1. 들머리

인간의 가치 기준이 달라지고 있다. 필자가 어릴 적만 해도 키가 큰 사람을 '키다리' 또는 '싱거운 사람' 등으로 부르기도 하였는데 이제는 '훤칠하다' 라든가 '롱다리' 라고 하면서 평가를 달리하고 있다. 덕분에 키를 크게 해준다는 각종 기구나 수술방법 내지는 성장호르몬 등에 대한 일반인들의 관심도 무척 커지고 있는 실정이다.

그러나 "너희 중에 누가 염려함으로 자기 키에 일 큐빗을 더할 수 있겠느냐?" (마6:27)하신 예수님의 말씀대로 성장 그 자체도 하나님의 영역에 속하는 것이다.

따라서 이 글에서는 성장에 대한 기본적인 개념을 언급하고 난 후 성경 속에 제시된 성장이상에 대해 살펴봄으로써 그 안에 감추어진 하나님의 섭리와 인류역사의 신비를 풀어보고자 한다.

2. 성장

성장과 발달에 영향을 주는 요인들은 크게 유전과 환경 두 가지로 집약되는데 유전적 요소에는 인종, 민족, 가계, 연령, 성별, 염색체 이상, 선천성 대사이상 등이 있고 환경적 요소에는 사회경제적 요인, 신체적 환경, 계절, 심리적 요인 등의 외부적 요인들 및 운동이나 신체자극, 영양, 질병 등이 포함된다. 이와 같은 다양한 요소들이 복합적으로 작용하여 각 개인의 성장이 이루어질 때 우리는 그 정도에 따라 말랐다거나 뚱뚱하다거나 키가 작다거나 크다거나 하는 식으로 평가할 수 있게 된다. 그런데 뚱보나 홀쭉이 같이 체중의 지나친 변화를 보이는 경우는 엄밀한 의미에서 의학적인 성장이상이라고 하기 힘드나 거인, 난장이 등과 같이 신장(身長)의 이상이 초래되는 경우는 의학적인 분석이 요구된다고 할 수 있다.

3. 성경에 나타난 성장이상

성경 속에도 신장이 비정상인 사람들이 묘사되어 있다. 예수님께서 여리고로 들어가실 때 키가 작기 때문에 뽕나무에 올라가 예수님을 보려 했던 삭개오는 아마도 유일하게 저신장으로 기록된 성경상의 인물인데 구체적인 신장 수치가 언급되지 않고 있기 때문에 의학적으로 왜소증(dwarfism)에 해당되는지는 말할 수 없을 것이다. 그러나 거인(giant)의 경우에는 성경 여러 곳에 기록되어 있고 또 구체적인 수치까지 나타나 있어 어느 정도 의학적인 분석을 시도해 볼 수 있는데 그 대표적인 예가 바로 블레셋의 장수 골리앗이다.

사무엘상 17장에는 골리앗의 키가 정확히 여섯 큐빗 한 뼘(six cubits and one span)으로 적혀 있다. 1큐빗이 대략 45~50센티미터이고 한 뼘이 반 큐빗 정도인 것을 감안하면 골리앗은 그 키가 3미터가 넘는 것을 알 수 있다. 또 신명기 3장에는 바산왕 옥이 길이가 아홉 큐빗 넓이가 네 큐빗이나 되는 침대 위에서 잠을 잔 것으로 기록되어 있는데 바산왕의 키와 그의 침대를 비례적으로 생각해서 그의 키를 계산해 보면 적어도 4미터인 것을 알 수 있다. 성경이 일점일획도 틀림이 없는 진리의 말씀일진대 키가 3~4미터씩이나 되는 사람들이 있다고 하니 이게 대체 어떤 연유로 인한 것일까 하는 의문이 생기지 않을 수 없겠다.

이 글을 시작하면서 성장에 관련된 여러 가지 요소들을 나열하였는데 다시 요약해 보자면 성장은 외부적으로는 적절한 영양공급과 내부적으로는 호르몬의 복합작용에 의해 이루어진다고 할 수 있다. 그렇다면 최첨단의 스포츠의학이 발달한 지금 NBA의 농구선수들도 키가 2미터 20센티미터를 넘는 경우가 거의 없는데 상식적으로 보아도 지금보다 키가 더 자랄 만한 상황이 되지 않는 구약시대에 현재의 거인보다도 키가 2배나 더 큰 거인들이 있었다고 함은 정말 신비로운 사실이다.

성장에 관련된 요소들 중 혹시 성장 호르몬이 많이 분비되거나 또는 이 호르몬을 외부에서 많이 투여하면 키가 엄청나게 커지지 않을까 생각해 볼 수도 있겠지만 결코 골리앗이나 바산왕 옥에 버금가는 신장이 될 수 없다. 예를 들어 시상하부의 이상에 의해 성장호르몬이 과다하게 분비되어 신장이 커지는 뇌성 거인증(cerebral gigantism, Sotos syndrome)의 경우라 하더라도 키는 2미터 남짓일 뿐이며 더더구나 운동능력의 저하와 지능 장애가 동반되므로 골리앗이나 옥과 같이 군대의 장수나 왕의 역할은 도저히 할 수가 없는 것이다.

4. 거인들은 누구인가?

그렇다면 성경 속의 거인들은 인간의 영역밖에 있는 특별한 존재란 말인가?

이 문제의 실마리를 풀어 나가기 위해서는 성경에 처음으로 거인(giant)이 기록된 창세기 6장부터 자세히 살펴보는 것이 중요하다.

> "사람들이 지면에서 번성하기 시작하고 그들에게 딸들이 태어나매? 하나님의 아들들(the sons of God)이 사람들의 딸들(the daughters of men)과 또 그들이 아름다운 것을 보고 자기들이 택한 모든 자를 아내로 삼으니라. 주께서 이르시되, 내 영이 항상 사람과 다투지는

아니하리니 이는 그도 육체이기 때문이라. 그럼에도 그의 날들은 백이십 년이 되리라, 하시니라. 당시에 땅에는 거인들(giants)이 있었고 그 뒤에도 있었으니 곧 하나님의 아들들이 사람들의 딸들에게로 들어와 그들이 저들에게 아이들을 낳았을 때더라. 바로 그들이 옛적의 강력한 자들(mighty men) 즉 명성 있는 자들(men of renown)이 되었더라. 하나님께서 사람의 사악함이 땅에서 크고 또 그의 마음에서 생각하여 상상하는 모든 것이 항상 악할 뿐임을 보시고"(창6:1-5)

성경은 '하나님의 아들들' 과 '사람들의 딸들' 이 성적 관계를 맺음으로 거인들이 태어났고 또 그들은 골리앗과 같이 힘세며 사악한 자들이라는 사실을 말해주고 있다. 그러면 '하나님의 아들들' 은 누구인가? 그들은 정상적인 인간, 예를 들어 경건한 셋의 후손일 수가 있는가? 결코 그럴 수 없다. 이제 뒤에서 여러 가지 증거를 제시하겠지만 '하나님의 아들들' 은 바로 타락한 천사들이다. 그러므로 하나님께서는 이런 불법적인 결혼에 의해 출산된 자들을 쓸어버리기 위해 노아의 대홍수를 내실 수밖에 없으셨던 것이다.

"그때에 땅도 하나님 앞에 부패하여 폭력이 땅에 가득하더라. 하나님께서 땅을 보신즉, 보라, 땅이 부패하였으니 이는 땅 위에서 모든 육체가 그분의 길을 부패시켰음이더라. 하나님께서 노아에게 이르시되, 모든 육체의 끝이 내 앞에 이르렀으니 이는 그들로 인해 폭력이 땅에 가득하기 때문이라. 보라, 내가 그들을 땅과 함께 멸하리

라. 너는 고펠나무로 방주를 짓고 그 안에 방들을 만들고 역청으로 그 안팎을 칠할지니라."(창6:11-14)

'하나님의 아들들'과 '사람들의 딸들'이 결혼하게 됨으로써 인류 역사상 가장 큰 격변적인 사건이 이 땅에 일어나게 되었다. 위의 사건에 대한 기독교 내에서의 해석 중 비교적 많은 사람들이 이해하고 있는 바는 신자와 불신자 간의 결혼 곧 '하나님의 아들들'은 경건한 셋(Seth)의 후손이고 '사람들의 딸들'은 불경건한 가인(Cain)의 후손이라는 것이다. 이러한 주장을 하는 주석가들의 견해 중 몇 가지 요점들을 취해서 하나씩 성경에 비추어 검토를 해보고자 한다.

1) 창세기 6장 2절은 셋의 경건한 가계와 가인의 불경건한 가계 사이의 분리가 깨어짐을 보여 준다?

그렇다면 도대체 어떻게 하나님의 딸들 중 어느 누구도 사람들의 아들들과 결혼하지 않을 수 있다는 말인가? 혹은 그 당시에는 오직 남자들만이 믿는 자들이었다는 이야기인가? 만일 '하나님의 아들들'이 경건한 신자들이었다면 도대체 어떻게 그들이 노아의 방주에 같이 타지 않을 수 있었다는 말인가? 성경은 이에 대해서 다음과 같이 답하고 있다.

"하나님께서 죄를 지은 천사들을 아끼지 아니하사 지옥에 던지시고 어둠의 사슬에 넘겨주어 심판 때까지 예비해 두셨으며 옛 세상을 아

> 끼지 아니하시고 오직 의의 선포자인 여덟 번째 사람 노아만 구원하
> 시며 경건치 아니한 자들의 세상에 홍수를 내리셨으며"(벧후2:4,5)

오직 경건한 자들만이 방주 안에 있었고 불경건한 자들은 모두 익사하였다. 그렇다면 경건한 셋의 후손들은 어디에 있었다는 말인가? 노아의 여덟 식구를 제외하고는 경건한 사람들이 없었던 것이다. 그러므로 '하나님의 아들들'은 타락한 천사들이지 않을 수가 없는 것이다. 성경 어디에도 경건한 가계는 언급되고 있지 않다. 심지어 메시아의 혈통 자체도 불경건함으로 가득 차 있지 않는가!

2) '하나님의 아들들'이란 칭호가 구약 성경에서는 전적으로 천사들을 지칭하는 데에만 사용된 것은 아니다?

'하나님의 아들들(sons of God 혹은 히브리어로 Ben-Ha-Elohim)'이라는 칭호는 구약 성경에서 총 다섯 번 사용되었는데 매번 '창조에 의한 하나님의 아들들'을 의미한다. 다섯 번 중 세 번은 욥기에서 발견된다.

> "어느 때에 새벽별들이 함께 노래하고 하나님의 아들들이 다 기뻐 소리를 질렀느냐?"(욥38:7)

하나님께서 땅의 기초를 놓으셨을 때 인간이란 존재하지도 않았기 때문에 여기 나타난 '하나님의 아들들'은 천사들을 가리키는 것이다.

> "그때에 하루는 하나님의 아들들이 자기 자신을 주 앞에 보이려고 왔는데 사탄도 그들 가운데 오니라."(욥1:6)

> "또 하루는 하나님의 아들들이 자기 자신을 주 앞에 보이려고 왔는데 사탄도 그들 가운데 와서 주 앞에 자기를 보이니라."(욥2:1)

욥의 시대에 하늘에는 인간이란 존재하지 않았으므로 역시 여기에 언급된 '하나님의 아들들' 은 천사들을 가리키는 것이다.

창세기 6장 4절에는 '하나님의 아들들' 이 경건한 셋의 후손이라고 주장하는 사람들이 간과해 버리는 한 구절이 있다.

> "당시에 땅에는 거인들(giants)이 있었고 그 뒤에도 있었으니 곧 하나님의 아들들이 사람들의 딸들에게로 들어와 사람들의 딸들이 그들에게 아이들을 낳았을 때더라. 바로 이들이 옛적의 강력한 자들(mighty men)이요, 명성 있는 자들(men of renown)이더라."(창6:4)

그 뒤 곧 노아의 홍수 이후에도 거인들이 있었다는 말은 간단히 말해서 홍수 이전에 이 땅에서 있었던 일들이 홍수 이후에도 역시 이 땅에 있었음을 보여 주는 것이다. 창세기 6장 4절에서 거인들로 번역된 히브리어는 네피림(nephilim)으로서 '타락한 존재들' 이라는 의미를 갖고 있는데 그 이유는 그들이 '타락한 천사들' 의 후예이기 때문이다.

네피림이 생겨났던 서로 다른 계보로 인해 그들은 여러 가지 다른 이름으로 불려졌다. 즉 엠 족속(Emims), 수스 족속(Zuzims), 아낙 족속

(Anakims), 르바 족속(Rephaims), 삼숨 족속(Zamzummims)으로 칭해진 거인들이 구약 성경 곳곳에 기록되어 있다(창14:5; 민13:33; 신2:10,11,20,21; 수17:15; 삼상17:4; 삼하21:16-22; 대상11:23; 20:4-8).

> "과거에 엠 족속이 거기 거하였더니 그 백성은 강하고 많으며 아낙 족속처럼 키가 크므로 사람들이 그들 또한 아낙 족속처럼 거인으로 여겼으나 모압 족속은 그들을 엠 족속이라 불렀으며"(신2:10,11)

> "옛날에 거인들이 거기 거하였으므로 사람들이 이곳 또한 거인들의 땅으로 여겼으며 암몬 족속은 그들을 삼숨 족속이라 불렀더라. 그 백성은 강하고 많고 아낙 족속처럼 키가 크나"(신2:20,21상)

민수기 13장 32절과 33절에는 모세가 보낸 정탐꾼들이 가나안 땅에 들어가서 아낙 족속들을 보고 어떤 반응을 보였는지 잘 기록되어 있다.

> "우리가 두루 다니며 탐지한 땅은 그곳 거주민들을 삼키는 땅이요, 우리가 거기서 본 모든 백성은 키가 큰 자들이며 거기서 우리가 거인들에게서 나온 아낙의 아들들 곧 거인들을 보았노라. 우리 스스로 보기에도 우리가 메뚜기 같았으니 그들이 보기에도 그와 같았을 것이니라, 하니라."(민13:32하,33)

홍수 이후에도 가나안 땅에 거인들(네피림)이 나타났기 때문에 하나님께서는 이스라엘로 하여금 가나안 사람들 모두 심지어는 아이들까지도 멸절하라고 하신 것이다(시135:11). 경건한 남자가 불경건한 여인과 결혼할 수 있지만 그들의 자식들은 결코 '하나님의 아들들'과 '사람들의 딸들' 사이에 태어난 자들만큼 사악한 괴물들은 아니었다.

노아의 홍수가 국지적인 천재지변이 아니라 지구 전체를 뒤덮었던 대홍수였다는 사실이 각 민족의 고대 문헌들 속에서 나타나는 것과 마찬가지로 노아의 홍수를 유발시켰던 타락한 천사들에 대한 이야기도 여러 민족의 신화나 기록들에서 발견할 수 있다. 즉 그리스 로마 신화, 북유럽 신화, 한국의 단군 신화, 박혁거세 신화 및 대부분의 고대국가들의 신화 속에서 인간을 아내로 취해서 반신반수의 괴물이나 혹은 거인들을 낳은 신들에 대해 언급이 되고 있다.

우리는 이런 사실을 대수롭지 않은 전설 정도로 여기지만 성경은 그것에 대해 분명한 증거를 제시하고 있다.

> "이에 사람들이 바울이 행한 일을 보고 목소리를 높여 루가오니아 말로 이르되, 신들(gods)이 사람의 모양으로 우리에게 내려왔다, 하며 바나바는 주피터라 하고 바울은 주로 말하는 사람이므로 머큐리라 하더라."(행14:11, 12)
>
> "하나님께서 강한 자들의 회중 안에 서시며 신들(gods) 가운데서 심판하시는도다. 그들은 알지도 못하고 깨달으려 하지도 아니하며 어둠 속에 다니니 땅의 모든 기초가 궤도를 벗어났도다. 내가 말하기를, 너희는 신들(gods)이라. 너희는 다 지극히 높으신 이의 자녀들이라, 하였으나 너희는 사람들같이 죽을 것이요, 통치자들 중의 하나같이 넘어지리로다."(시82:1, 5-7)

만일 이 신들이 죽을 수밖에 없는 사람들처럼 죽게 된다면 그들은 분명히 사람들이 아니다. 또 이들은 창세기 6장의 '타락한 천사들'도 될 수 없는데 그 이유는 성경이 분명하게 천사들은 죽을 수 없다고 말하기 때문이다(눅20:34-36). 따라서 이 신들은 타락한 천사들의 자손이며 비록 창세기 6장에서 사람들이라 불리고 있지만 단지 반쪽만이 사람이고 다른 반쪽은 신들(타락한 천사들)인 존재 곧 반신반인(半神半人, demigod)인 것이다. 하나님께서는 우리에게 이 신들이 땅의 모든 기초가 흔들렸을 때 즉 노아의 대홍수시에 사람들처럼 죽었다고 시편 기자를 통해 말씀하시는 것이다.

"그러므로 비록 너희가 전에 이것을 알았으나 내가 너희로 하여금 기억하게 하려 하노라. 주께서 백성을 이집트 땅에서 구원하시고 그 뒤에 믿지 않는 자들을 멸하셨으며 또한 자기의 처음 신분을 지키지 아니하고 자기의 거처를 떠난 천사들을 큰 날의 심판 때까지 영존하는 사슬로 묶어 어둠 밑에 예비해 두셨으며 소돔과 고모라와 그 주변 도시들도 그와 같은 방식으로 자기 자신을 음행(fornication)에 내어 주고 낯선 육체(strange flesh)를 추구하다가 영원한 불로 보복을 당하여 본보기가 되었느니라."(유5-7)

유다는 자기가 보내는 편지의 대상자들에게 세 가지 사건을 상기시켜 주려고 했는데 첫째 사건은 민수기 14장에, 셋째 사건은 창세기 19장에 기록되어 있다. 그러면 두 번째 사건은 구약 성경 어디에 기록되어 있는 것일까? 구약 성경 39권을 통틀어 유다서의 수신자들에게 두 번째 사건을 기억나게 해주는 구절은 오직 창세기 6장밖에 없다. 또 유다서 7절에서 '같은 방식'이라고 한 것으로써 우리는 이 천사들이 무엇을 행했는지 알 수가 있게 된다. 곧 불법적인 성적 관계인 음행과 천사들에게는 낯선 육체인 사람들의 딸들을 추구하였다는 것이다.

유다서 6절에 있는 천사들에 대해서는 사도 베드로도 언급을 하며 보충설명을 해준다.

> "하나님께서 죄를 지은 천사들을 아끼지 아니하사 지옥에 던지시고 어둠의 사슬에 넘겨주어 심판 때까지 예비해 두셨으며 옛 세상을 아끼지 아니하시고 오직 의의 선포자인 여덟 번째 사람 노아만 구원하시며 경건치 아니한 자들의 세상에 홍수를 내리셨고 소돔과 고모라의 도시들을 뒤엎으심으로 정죄하사 재가 되게 하여 훗날에 경건치 아니하게 살 자들에게 본보기로 삼으셨으며"(벧후2:4-6)

이 성경 구절을 통해 천사들의 사건에 대한 문맥이 노아의 대홍수라는 것을 다시 확인할 수 있고 또한 천사들의 범죄 시기와 타락한 천사들의 운명에 대해서 유다서의 기록과 동일함을 알 수 있다.

3) 천사들은 결혼하지 않는다?

> "이는 부활 때에는 사람들이 장가가지도 시집가지도 아니하며 하늘에 있는 하나님의 천사들과 같기 때문이니라."(마22:30)

> "이는 사람들이 죽은 자들로부터 일어날 때에는 장가가지도, 시집 가지도 아니하며 하늘에 있는 천사들과 같기 때문이니라."(막12:25)

우리는 결코 예수님의 말씀에다 우리의 생각을 가감해서는 안된다. 예수님께서는 하늘에 있는(in heaven) 천사들이 결혼하지 않는다고 하셨지 결코 땅에 있는(on earth) 천사들이 결혼하지 않는다고 하시지 않았다. 즉 타락한 천사들이 아내를 취하지 않는다고 말씀하신 것이 아니다.

4) 천사들은 성(sex)이 없다?

아니다. 성경에서 성이 없으며 중성처럼 행동하고 중성처럼 보이는 천사는 단 한 명도 없다. 성경에 등장하는 모든 천사들은 다 남성이다! 또한 아기천사나 날개를 갖고 있는 천사들도 성경에는 없다.(그룹 (cherubims), 스랍(seraphims) 또는 스가랴 5장 9절에 나오는 마귀 등과 천사를 혼동해서는 안된다.)

천사들은 무수히 창조되었고 또 결코 죽지 않기 때문에 그들 가운데에는 결혼이란 것은 필요하지 않다. 그러므로 천사가 남성으로만 되어 있어도 아무런 문제가 없다. 아울러 인간은 육체라는 물질적 몸을 입고 있는 혼(soul)(창2:7)이고 천사들은 육체라는 물질적 몸으로 변할 수 있는 영적 존재들(히1:7; 창18-19장)이기 때문에 이 둘이 연합되도록 하지 못하는 서로 다른 점들이 그들 사이에 없다.

"당시에 땅에는 거인들(giants)이 있었고 그 뒤에도 있었으니 곧 하나님의 아들들이 사람들의 딸들에게로 들어와 사람들의 딸들이 그들에게 아이들을 낳았을 때더라. 바로 이들이 옛적의 강력한 자들(mighty men)이요, 명성 있는 자들(men of renown)이더라."(창6:4)

만약 창세기 6장의 '하나님의 아들들'이 단순히 셋의 후손들이라면 그들의 자손들은 남자만으로 나타날 수 없었을 것이다. 물론 성경에는 여자 거인이 없고 언제나 거인들은 남자로만 언급이 되고 있는데 그 이유는 아주 확실하다. 왜냐하면 정자와 난자가 만나 수태가 이루어질 때 그 아기의 성을 결정하는 것은 어머니가 아니라 아버지이기 때문이다.

인간에게는 모두 23쌍 곧 46개의 염색체가 있는데 이 중 22쌍은 상염색체(autosome)이고 한 쌍 곧 2개의 염색체는 성을 결정짓는 성염색체(sex chromosome)이다. 남자의 성염색체는 XY, 여자의 성염색체는 XX로 이루어져 있다.

사람에게서 난자는 X염색체만을 가지고 있으나 정자에는 X염색체를 가진 것과 Y염색체를 가진 2종류가 있다. 따라서 Y염색체를 가진 정자가 수정을 하면 XY 접합체로 남자가 되고 X염색체를 가진 정자가 수정을 하면 XX 접합체로 여자가 된다.

그러면 천사들은 어떤 성염색체를 갖고 있을까? 천사들은 남성과 여성의 결합에 의해 만들어진 남성이 아니라 원래부터 남성으로 창조된 존재이기 때문에 그들의 성염색체는 X염색체가 없는 Y염색체와 동등한 염색체(Y-equivalent chromosome)만으로 구성되어 있을 것이다. 따라서 타락한 천사들과 인간 사이에서 태어나는 반신반인(半神半人, demigod)인 거인들은 모두 남성일 수밖에 없는 것이다.

5. 왜 거인들이 생겼을까?

타락한 천사들을 사용하여 인간을 더럽히는 사탄의 가장 중요한 목적은 하나님께서 사탄에게 주신 약속과 깊은 관련이 있다.

> "내가 너와 여자 사이에 또 네 씨와 여자의 씨 사이에 적대감을 두리
> 니 여자의 씨는 네 머리를 상하게 할 것이요, 너는 그의 발꿈치를 상
> 하게 할 것이니라, 하시고"(창3:15)

사탄은 자기에게 죽음의 선고 곧 불못 가운데 던져져 영원한 고통에 이르는 것을 피해보려고 여자의 후손으로 오실 메시아의 통로를 차단하고자 하였다. 그런데 여자의 씨로서 사탄을 처부술 자는 사람이어야만 했으므로 사탄은 모든 인류를 파멸시키기로 작정했던 것이다. 그래서 타락한 천사들 중 많은 수가 사람의 딸들을 취해 하나님의 목적과 계획이 무산되도록 해보려 했던 것이다.

6. 거인이 다시 나타날 수 있을까?

머지않아 사탄은 거인을 만들었던 것과 같은 방법을 통해 자신의 아들을 만들어 적그리스도로서 세상을 주관하고자 할 것이다. 그러나 예

수님께서 피흘려 값을 치르고 사신 교회는 나팔소리와 함께 공중으로 들려올라가 적그리스도의 통치와 그로 인한 대환난에서 벗어날 수 있게 될 것이다.

7. 마무리

이제 새로운 천 년이 시작되었다. 세상의 징조들이 정말로 급박하게 주님의 재림의 시각을 향해 치닫고 있다.

> "오직 노아의 날들과 같이 사람의 아들이 오는 것도 그러하리라. 이는 홍수 이전 시대에 노아가 방주 안으로 들어갈 때까지 사람들이 먹고 마시고 장가가고 시집가고 하면서 홍수가 나서 그들을 다 쓸어버릴 때까지 알지 못하였음이니 사람의 아들이 오는 것도 이와 같으리라."(마24:37-39)

앞서 살펴보았듯이 노아의 홍수가 일어나게 된 이유는 바로 거인(巨人)들의 출현과 관계가 있는데 오늘날도 신인종(新人種)을 만들기 위한 노력이 생물의학 분야뿐 아니라 정치, 경제, 사회, 문화, 종교 등 우리 삶의 모든 부분에서 엄청나게 경주되고 있다.

모든 피조물을 그 종류대로(after one's kind) 창조하신 하나님의 창조 섭리와 질서를 파괴하며 메시아가 오실 길을 막았던 거인들에 대해 하나님의 심판이 있었던 것처럼 생명공학 등을 이용해 하나님의 영역을 또 다시 침범하며 인간의, 인간을 위한, 인간에 의한 새 시대(New Age)를 열어보고자 하는 이 마지막 세대에게 하나님의 진노의 잔이 부어지는 것은 어쩔 수 없으리라.

그러나 우리에게는 구원의 방주(the Ark)가 되시는 예수 그리스도가 계시니 어찌 주님을 찬양하지 않을 수 있겠는가!

> "이것들을 증언하신 이가 이르시되, 내가 반드시 속히 오리라, 하시는도다. 아멘. 주 예수님이여, 과연 그와 같이 오시옵소서."(계22:20)
>
> "예수님께서 그에게 이르시되, 내가 곧 길이요 진리요 생명이니 나로 말미암지 않고는 아버지께로 올 자가 없느니라."(요14:6)
>
> "하나님께서 자신의 아들을 세상에 보내신 것은 세상을 정죄하려 하심이 아니요, 그를 통해 세상을 구원하려 하심이라."(요3:17)

성경 속 수명

1. 들머리

성경에는 수많은 사람들의 수명에 대한 기록이 나온다. 태어난 지 일곱째 날에 수명을 다한 경우부터 무려 969년을 살았던 경우까지 다양한 수명들이 기록되어 있다(삼하12:18; 창5:27). 그리고 현재 우리가 누릴 수 있는 평균수명을 제시한 말씀도 있고 또한 구체적인 숫자는 언급이 되어 있지 않지만 미래에 다시 홍수 이전의 인물들처럼 장수할 것을 예언한 구절들도 있다(시90:10; 사65:20).

이뿐 아니라 특별히 우리 인간의 이성으로서는 도무지 받아들이기가 힘든, 아니 유한한 인간의 한계를 넘어서는 '무한한 수명' 곧 '영생'에 대한 말씀도 성경 속에서 끊임없이 발견이 된다(단12:2; 마19:16,29; 요 3:16; 롬6:22; 유1:21).

그렇다면 성경의 기록들은 일점일획도 틀림이 없는 말씀들일진대 21세기를 살아가는 세상 사람들의 상식을 넘어서는 성경 속의 수명들이 어떻게 가능한 것인지 살펴보도록 하자.

2. 홍수 이전

에덴 동산에서 영생을 누릴 수 있었던 인간들은 아담의 타락 이후부터 노아의 홍수가 나기 전까지 평균 912세 가량을 영위하고 죽었다. 아담의 세대들에 대한 책(the book of the generations of Adam)(창 5:1)에 나오는 인물들은 정녕 하나님의 심판으로 죄의 삯을 치르고 모두 죽어갔는데, 그들은 무한 영생하시는 하나님의 관점에서 보면 잠깐 동안 살다 죽은 것이나 오늘날 우리 인간들의 관점에서 보면 대단한 장수를 누리며 살았었다.

즉 아담에서부터 노아 때까지의 인간의 수명을 살펴보면 아담 930살(창5:5), 셋 912살(창5:8), 에노스 905살(창5:11), 게난 910살(창5:14), 므두셀라 969살(창5:27), 노아 950살(창9:29)이었음을 볼 수 있다. 그러나 노아 이후로는 인간의 수명이 단계적으로 계속 줄어들어, 셈 600세, 셀라 433세, 벨렉 239세, 아브라함 175세, 야곱 147세, 모세 120세, 그리고 마침내는 우리의 연수가 칠십이요 강건하면 팔십(시90:10) 정도로 평균 수명이 된 것을 알 수 있다.

그러면 각종 문명과 의학의 혜택을 입고 있는 현대인들이 불과 1세기도 제대로 살지 못하는 데 비해 므두셀라와 같은 노아 홍수 이전의 사람들은 어떻게 하여 10세기 정도까지 살 수 있었던 것일까? 여기에 대해서는 홍수 이전에 비해 인간이 성적으로 조숙하게 되었다는 설, 식생활에 있어서 커다란 차이가 있으며 특히 비타민 C의 섭취량 차이 등도 주요한 원인들로 알려지고 있지만 본 글에서는 홍수 자체와 관련된 환경적 요인에 국한시켜 언급하고자 한다.

3. 노아의 홍수

우선 우리들은 수명이 줄어들기 시작한 노아의 시대를 살펴보지 않을 수가 없다. 노아 당시의 시대적 상황은 타락한 인간들의 생활 형편을 적나라하게 반영하고 있다. '하나님의 아들들'이 '사람의 딸들'과 결혼하기까지 그래서 반신반인(半神半人, giants, demigods)이 나타날 정도로 죄악이 세상에 관영하게 되었고, 인간의 마음으로 생각하는 모든 계획이 항상 악하였다(창6:1-6). 그러므로 하나님께서는 땅위에 사람 지으셨음을 한탄하시고 마음에 근심하사 노아의 가족을 제외한 모든 인간들과 땅위의 모든 생물을 지면에서 물로 쓸어버리셨다.

므두셀라(Mutheselah, '심판'이라는 뜻)가 죽었던 바로 그 해에 일어난 노아의 홍수는 중동지방에 국한된 국지적 홍수가 아니라 온 세상을 뒤엎었던 어마어마한 역사적인 홍수였다. 즉 하늘은 사십 주야 동안 계속해서 비를 억수같이 쏟아부었다(창7:12,17). 그리고 최초의 사십 주야 동안과 같이 꾸준히 억수처럼 비가 쏟아지지는 않았을지라도 150일 동안 하늘에서는 계속 비가 내렸고 땅에서는 샘이 터져 나왔다. 그러나 현재의 기상조건 하에서는 이 같은 일이 불가능하다. 그와 같이 엄청난 비를 쏟아놓을 수 있는 유일한 근원은 창세기 1장 7절에 기록되어 있는 '궁창 위의 물' (the waters which were above the firmament) 인데 바로 이 궁창 위의 물로 인해 홍수 이전의 인간들은 10세기 가까이 장수할 수 있었던 것이다.

4. 궁창 위의 물

이 궁창 위의 물을 대기권의 한계를 넘는 에테르적인 물 또는 유리바다나 생명의 강이라고 하는 주장도 있고 단순히 구름이라고 하는 생각도 가질 수 있지만 여러 과학자들은 노아의 홍수 전에 궁창 위에 물층(water canopy)이 있었다고 생각한다. 또 히브리어를 살펴 볼 때 하늘이란 단어는 '샤마임' 으로서 '샴' (저 곳)과 '마임' (물)의 합성어인데 히브리인들은 하늘 위에 물층이 있었으므로 하늘을 '저 윗물' 이라고 불렀던 것을 알 수가 있다. 이 궁창 위의 물은 중력을 이기고 떠 있을 수 있도록 아주 작은 미립자 상태로 지구 전체에 걸쳐서 궁창 위에 떠 있었다.

즉 첫째 하늘 위에 있었던 이 수분층은 지구로 침투하는 수많은 우주광선을 걸러 내주는 역할을 하였는데 하나님께서 놀랍게 창조하신 우리 육체 속에 재창조 능력을 소유하고 있는 인간은 이 수분층에 의해 우주광선으로부터 보호받고 있을 당시에는 생명력 곧 육체적 능력과 힘이 감퇴되지 않은 채 거의 천 년을 지낼 수 있도록 되어 있었다. 왜냐하면 세포를 파괴하고 노쇠현상을 촉진시키는 고주파 방사선과 같은 우주광선이 이 수분층에 의해 완전히 차단된 상태이므로 아무런 변이현상(mutation)이 일어날 수 없었기 때문이다.

5. 온실효과

우리는 아스파라가스의 화석이 무려 15미터가 된다는 사실을 접하게 되는데 이로써 아주 이상적인 환경이 있었다고 하는 사실을 알 수가 있다. 바로 이 수분층의 보호 덕분에, 즉 이 수분층이 우주광선 중 따뜻한 열선을 받아들인 후 외계로 방사되는 것을 막아 온실효과를 일으켰기 때문에 이와 같은 화석이 있을 수 있었던 것이며 그 당시 지구 전 지역이 하와이 같은 환경 또는 섭씨 27도 정도의 아열대 기후였을 것으로 짐작이 된다. 또 남극대륙의 지하 60미터에서 많은 석탄이 발견되는 것과 시베리아 지방에서도 열대식물들과 함께 맘모스가 얼음 속에 묻혀 보존되어 있는 증거들로써 당시에는 극지방이라는 것이 없었으며 지구가 지금보다 훨씬 더 생존에 적합한 환경이었을 것이라는 사실을 이해할 수 있게 된다.

남북극의 광활한 얼음지대뿐 아니라 폭풍우 같은 급격한 공기의 움직임도 노아의 홍수 이전에는 없었을 것이며 단지 온화한 바람의 순환만이 있었을 것이다. 왜냐하면 당시의 기상조건으로 미루어보아 뜨거워진 공기로 인해 생긴 진공부분에 찬 공기가 갑자기 몰아치는 현상이 없었을 것이기 때문이다.

또한 우주광선에 의한 분자구조의 파괴가 없었기 때문에 인간의 육체의 노화나 식물의 시들어버림도 거의 없었을 것이며 아울러 홍수 후에 산맥들이 높이 솟아올라 대륙들의 지세가 더욱 험난하게 된 것과는 반대로 대륙 전체가 얕은 구릉으로 되어 있어서 그야말로 지구 곳곳이 하나의 아름다운 온실과 같았을 것이다.

6. 홍수 이후

이와 같이 노아 홍수 이전의 인간은 궁창 위의 물로 인해 지금과는 확연하게 다른 이상적인 환경 가운데 살면서 므두셀라(Methuselah)처럼 평균 9백여 세를 영위할 수 있었지만 홍수라는 심판 이후 엄청나게 달라진 지구환경 하에서는 그 수명들이 계속적으로 줄어들 수밖에 없었다.

즉 홍수 이후 물층이 사라지면서 인간은 마침내 혹독한 자연환경에 적응해야 하는 어려움에 부닥치게 됐다. 당시 지구 환경의 혹독함에 대해 모세는 이렇게 증언하고 있다.

> "땅이 있을 동안에는 심는 때와 거두는 때와 추위와 더위와 여름과 겨울과 낮과 밤이 그치지 아니하리라, 하시니라."(창8:22)

물은 훌륭한 방어벽으로서 오늘날도 이용이 되고 있다. 예컨대, 원자력 발전소에서의 제 1차 냉각수는 냉각뿐 아니라 방사능을 막아주는 제 1차 방어벽으로서의 역할을 하고 있다. 마찬가지로 창조 둘째 날에 만들어졌던 궁창 위 물층 역시 우주에서 들어오는 방사능(자외선보다는 파장이 짧은 전자파)의 방어벽으로서 뛰어난 역할을 수행하고 있었는데 이것이 소실되자 각종 우주선에 노출이 되며 균일한 온도와 적절한 습도를 유지케 하였던 온실효과도 사라져버려 인간은 생존을 위해 처절히 몸부림칠 수밖에 없는 환경이 되어버렸다.

7. 활성산소

그렇다면 물층의 소실과 인류의 수명곡선은 어떤 함수관계를 갖고 있을까? 해답은 산소에 숨어 있다. 대기중에 산소가 차지하는 양은 무려 21%나 된다. 호기성 생물은 이런 풍부한 산소를 호흡을 통해 들이마셔 에너지를 얻는다. 그러나 산소는 당초 안정된 분자상태였다가 체내에 들어오면 일부가 효소계나 환원대사 혹은 공해물질, 광화학반응 등 물리적, 화학적, 환경적 요인에 의해 불안정한 상태로 바뀌게 된다. 이 불안정한 상태의 산소를 활성산소(free radical)라고 부른다.

활성산소는 세포막 구성물질인 단백질과 지질을 파괴할 뿐만 아니라 세포핵 속의 DNA까지 공격하는 일종의 '세포 공격수'와 같다. 따라서 피를 탁하게 하고 세포를 손상시켜 노화를 촉진하는 것은 물론 암, 뇌질환, 심장질환, 동맥경화, 피부질환, 소화기질환, 류머티즘 등 각종 질병을 일으키는 원인 물질로 지목되고 있다.

지금까지 과학적으로 밝혀진 활성산소의 발생 요인은 매우 많다. 보통 호흡에 의해 체내에 들어온 산소의 2~5%가 활성산소로 바뀌는 것으로 알려졌다. 이는 탄수화물이나 지방 혹은 소량의 단백질이 연소돼 열량(ATP)으로 바뀌는 과정에서 활성산소가 발생하는 것을 의미한다.

그러나 이렇게 자연스럽게 발생된 활성산소는 체내에서 생성된 항산화효소(SOD · superoxide dismutase)에 의해 물로 탈바꿈되기 때문에 별다른 문제가 되지 않는다. 단지 지나친 활성산소의 생성이 문제가 된다. 그런데 바로 여기에 인류의 수명곡선이 급하강한 비밀이 있는 것이다.

즉 인류는 물층의 소실에 이어 유해한 우주광선에 노출됨과 동시에 각종 스트레스원에 노출되기 시작하여 활성산소가 과다 생성됨으로써 DNA 유전자 손상을 초래케 되어 수명 또한 수직 하강하게 됐다는 것이 가장 성경적이며 자연과학적인 해석이다.

8. 수명의 회복

그런데 성경에는 다가올 세상에서 인간의 수명이 다시 엄청나게 늘어날 것에 대한 예언이 다음과 같이 기록되어 있다.

> "날 수가 많지 않은 어린아이나 자기의 날들을 채우지 못한 노인이 다시는 거기에 없으리니 이는 아이가 백 세에 죽을 것임이라. 그러나 죄인은 백 세가 되어도 저주받은 자가 되리라."(사65:20)

백 세가 어린 아이로 취급받는다면 어른은 몇 살을 산단 말인가? 최소한 몇 백 년은 살지 않겠는가? 성경은 계속해서 다음과 같이 인간의 수명이 회복되리라고 말씀한다.

> "만군의 주가 이같이 말하노라. 예루살렘 거리에는 여전히 늙은 남자들과 늙은 여자들이 거하되 그들이 나이가 많으므로 각각 손에 지팡이를 잡을 것이요,"(슥8:4)
>
> "이는 내 백성의 날수가 나무의 날수와 같을 것임이라."(사65:22)

예를 들어 떡갈나무 같은 오크(oak) 나무는 그 수명이 천 년이 넘는다고 알려져 있는데 따라서 이때는 사람들이 최소한 홍수 이전에 족장들이 누렸던 수명 정도로 살아갈 것이다.

그렇다면 어떠한 변화가 생겨서 이렇게 인간이 다시 장수하게 되는 것인지 성경을 통해 살펴보기로 하자.

9. 대환난

교회가 공중들림 받은 후 여섯 번째 봉인(계6:12-17)이 열릴 때는 이 지구상에 엄청난 물리적인 변화가 발생한다. 곧 요엘 2장 30, 31절, 마태복음 24장 29절, 이사야 13장 9-11절 등을 통해 알 수 있듯이 해가 어두워지고 달이 빛을 내지 않으며 하늘에서 별이 떨어지는 상황이 초래된다. 이때 일어나는 천재지변은 너무나 끔찍해서 사람들은 어린양의 진노로부터 피하기 위해 산들과 바위에게 자신들 위로 숨겨 달라고 외칠 정도이다(계6:16).

또 요한계시록 11장 1-14절에서 우리는 '두 증인'이라고 기록된 두 사람이 후 삼년 반 동안 예언하는 것을 알 수 있다. 이들 중 한 사람은 '하늘을 닫고 예언하는 동안 비를 오지 못하게 하는 권세'를 지니고 있다. 이 증인은 '주의 크고 무서운 날'에 오기로 된 엘리야(말4:5,6)로서 그는 무려 42개월 동안 하늘을 닫는 권세를 가지게 된다.

아울러 여섯 번째 대접(계16:12)이 큰 강 유프라테스에 부어지니 대언자 이사야가 예언(사11:15,16)한 대로 강물이 말라버려서 동방의 왕들(인도, 중국, 일본)의 길이 예비가 되는데 이들은 군대를 이끌고 이 강을 건너서 아마겟돈으로 모여들게 된다.

즉 대환난기에는 천체의 대격변과 함께 이 지구상에 존재하던 엄청난 물들이 대기권 위로 올라가는 수문학적 대격변이 초래되어 노아의 홍수 이전처럼 궁창 위의 물들이 다시 존재할 수 있게 되는 것이다.

10. 천년왕국

이러한 지구 전체의 리모델링에 부응하여 몇 가지 생태계의 변화도 천년왕국에서 일어나 인간의 수명을 더욱 연장시켜 줄 것으로 짐작이 된다.

첫째는 팔레스타인 땅의 회복이다. 팔레스타인 땅은 젖과 꿀이 흐르며 모든 과실이 풍성한 땅이었지만 이스라엘이 하나님의 계명을 어기고 우상을 숭배함으로써 복을 망쳐 버리고 말았다(신11:13-17). 그러나 이제 천년왕국이 시작되면 하나님께서는 이른 비와 늦은 비를 넘치게 주실 것이다. 또한 비만 충분히 내리는 것이 아니라 성전에서 흘러나오는 수원(水原)으로 많은 강과 하천들이 생겨 풍성한 수확이 가능케 될 것이다(욜3:18; 암9:13; 사35:1; 55:13; 시67:6; 욜2:25,26).

둘째로는 동물들의 세계에서도 변화가 일어난다. 동물들은 아담이 타락하기 전 에덴의 동산에서처럼 또 노아의 방주 안에서처럼 온순해질 것이다(사11:6-9). 땅의 회복과 함께 동물들도 온전히 구속을 받게 되어(롬8:22,23) 동물들의 야성이 완전히 제거될 것이기 때문이다.

셋째로 빛이 일곱 배나 밝아진다(사30:26). 천년왕국 때의 대기권은 지금과 다를 것이다. 달이 지금의 낮처럼 빛나고, 태양은 지금의 밝기보다 일곱 배나 될 것이다(사60:19,20).

따라서 이와 같은 생태계의 변화로 사람들의 수명이 길어지게 될 것임은 명약관화한 이치이다. 아울러 성소에서 흘러나오는 '새 강'은 병을 치유해 줄 것이며, 강둑에서 자라는 나무 잎사귀들은 '약'으로 사용될 것이기 때문에 인간은 천 년 동안 살 수 있게 되는 것이다(겔47:12).

11. 영생

주 예수님께서 장차 천 년 동안 다스리실 기간에도 하나님의 뜻은 하늘에서 이루어지신 것같이 땅에서 이루어지지는 않을 것이다. 천 년이란 기간 동안에 각 나라들 사이에 있을 평화는 진정한 평화라기보다는 어쩔 수 없는, 또는 가식적인 것이다. 사람들은 주님께 순종하는 형식만 취할 뿐이다. 사탄이 풀려나서 사람들을 미혹할 때 그들은 적극적으로 사탄에게 동조해서 주님께 반역을 할 것이다.

사탄이 바닥없는 구덩이에서 풀려나 이 땅에 오면 이미 자신의 거짓말을 믿을 수많은 사람들이 준비되어 있다. 사람들은 사탄을 맞이할 준비를 해 놓은 듯이 그에게 동조하고 순종할 것이다. 그는 온 땅에서 사람들을 모아서 역사상 가장 큰 군대를 모집하여 전쟁을 일으킬 것이다. 사탄은 '성도들의 진영'과 그 '사랑받는 도시'를 에워쌀 것이다. 이때 하나님께서 반역자들을 무찌르기 위해 하늘의 군대를 내려 보내시는 것이 아니라 불을 내려 보내서 불로써 이 땅을 정화시켜 버리시게 된다(벧후3:7). 그리고 사람들을 끝까지 미혹했던 사탄은 산 채로 불못에 던져져서 밤낮으로 영원무궁토록 고통을 받게 된다.

그리고 나면 아담 이후 역사상 존재하였던 모든 인간들은 '거룩한 도시 새 예루살렘' 아니면 '불과 유황으로 타는 불못' 둘 중의 한 곳에서 이 우주의 영원한 시간 가운데 존재하게 되는 것이다(계20-22장).

12. 마무리

그렇다면 독자들께서는 어느 곳에서 영원을 보내고 싶으신지요.

저는 지금 독자들께 천국에서의 영원한 삶을 얻을 수 있는 방법을 알려드리고자 합니다. 이 글을 읽으시는 분 가운데 아직까지 구원받지 못하셨다면 지금 이 시간에 꼭 구원을 받으시기 바랍니다.

사람은 누구나 다 죄인입니다.

> "이것은 기록된바, 의로운 자는 없나니 단 한 사람도 없으며 깨닫는
> 자도 없고 하나님을 찾는 자도 없으며 다 길에서 벗어나 함께 무익하
> 게 되고 선을 행하는 자가 없나니 단 한 사람도 없도다."(롬3:10-12)
>
> "모든 사람이 죄를 지어 하나님의 영광에 이르지 못하더니"(롬3:23)

죄로 인한 형벌은 영원한 죽음입니다.

> "이는 죄의 삯은 사망이요, 하나님의 선물은 예수 그리스도 우리 주
> 를 통한 영원한 생명이기 때문이니라."(롬6:23)
>
> "한 번 죽는 것은 사람에게 정하신 것이요, 그 뒤에는 심판이 있으
> 리니"(히9:27)

그러나 하나님께서는 우리의 죄 문제를 해결하기 위해 예수 그리스
도를 예비하셨습니다.

> "주께서는 자신의 약속에 대하여 어떤 사람들이 더디다고 생각하는
> 것같이 더디지 아니하시며 오직 우리를 향하여 오래 참으사 아무도
> 멸망하지 않고 모두 회개에 이르기를 원하시느니라."(벧후3:9)
>
> "우리가 아직 죄인이었을 때에 그리스도께서 우리를 위하여 죽으심

으로 하나님께서 우리를 향한 자신의 사랑을 당당히 제시하시느니라."(롬5:8)

"하나님께서 세상을 이처럼 사랑하사 자신의 독생자를 주셨으니, 이것은 누구든지 그를 믿는 자는 멸망하지 않고 영존하는 생명을 얻게 하려 하심이라."(요3:16)

당신도 지금 구원받을 수 있습니다.

"주께서 이르시되, 오늘 너희가 그분의 음성을 듣거든 격노하게 하던 때와 같이 너희 마음을 완악하게 하지 말라, 하셨으니"(히3:15)

"그러므로 네가 만일 네 입으로 주 예수님을 시인하고 하나님께서 그분을 죽은 자들로부터 일으키신 것을 네 마음속으로 믿으면 구원을 받으리니, 이는 사람이 마음으로 믿어 의에 이르고 입으로 시인하여 구원에 이르기 때문이니라."(롬10:9,10)

"이는 누구든지 주의 이름을 부르는 자는 구원을 받을 것임이라."(롬10:13)

이제 다음과 같이 기도하셔서 구원받으시기 바랍니다.

"주 예수님, 저는 죄인입니다. 저를 불쌍히 여겨 주시기 바랍니다. 부디 저를 구원해주시기 바랍니다. 이 시간에 저는 회개하는 마음으로 주 예

수님을 저의 구세주로 모셔들입니다. 저를 지옥·불못으로부터 구원해
주시고 영생을 주셔서 진심으로 감사드립니다. 아멘.”

2부 _ 성경 속 질환

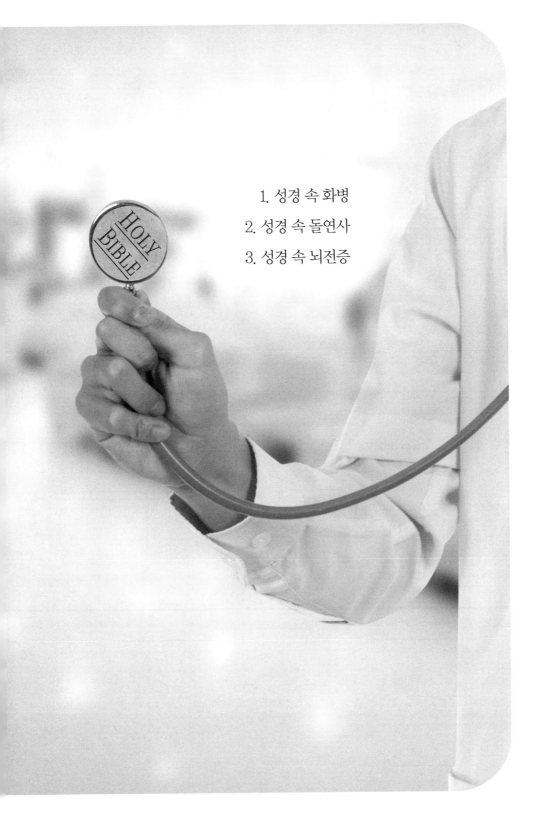

성경 속 화병

1. 들머리

불(火)이나 열(熱)에 관련된 신체증상과 분노와 충동성의 요소들이 많이 포함되어 있는 화병(火病; hwa-byung; wool-hwa-byung)은 한국의 문화적 기반에서 발생하는 독특한 질환으로 정의되고 있지만 사실 '분노 증후군(anger syndrome)'의 또 다른 표현에 지나지 않는다고 할 수 있다.

'마음의 상처' 가 쌓이고 쌓인 결과 발생하게 되며 또 풀리지 않은 '한(恨)' 이 자꾸 축적되고 장기화되어 신체적으로나 정신적으로 이상 반응을 나타내게 되는 질병이 바로 화병인데 인간이 지니고 있는 모든 문제의 근원에 대해 결코 침묵하고 있지 않는 성경에서는 이 화병의 근원을 어떻게 소개하고 있는지 살펴보고자 한다.

성경에서 첫 번째로 언급되는 단어가 바로 그 단어의 성경적 정의를 내리게 된다는 성경해석학적 원칙(the first mention principle)에 따라 조사해 볼 때 화(火; anger, angry, wrath, wroth)가 처음으로 등장하게 되는 곳은 창세기 4장이다.

2. 창세기 4장의 화(火)

1) 원인

> "아담이 자기 아내 이브를 알매 이브가 수태하여 가인을 낳고 이르되, 내가 주께로부터 남자를 얻었다, 하니라."(창4:1)

가인(Cain)이란 말의 뜻은 "내가 그를 가졌다" 또는 "그가 여기 있다" 인데 이로써 이브는 아마도 가인이 하나님께서 약속하셨던 메시아(창3:15)이기를 바랐을 것이라고 추측해 볼 수 있다.

> "이브가 또 가인의 동생 아벨을 낳았는데 아벨은 양을 지키는 자이나 가인은 땅을 가는 자더라."(창4:2)

진화론적 사관과 달리 성경에서는 인류의 초기시대부터 농업과 축산업이 공존한다는 사실을 알려주는데 아마도 처음에는 가인이나 아벨 모두 하나님께서 친히 보여 주셔서 그들의 부모인 아담과 하와가 그대로 행하며 자기들에게 전수해 준 하나님의 방법(창3:21)을 따라 피 헌물(blood offering)로 제사(祭祀)를 드렸을 것이다.

> "시간이 흐른 뒤에 가인은 땅의 열매 중에서 헌물을 가져와 주께 드렸고 아벨도 자기 양 떼의 첫 새끼들과 그 기름 중에서 가져왔더니"(창4:3, 4상)

그러나 세월이 흐르자 가인은 하나님의 말씀을 떠나 자신을 드러낼 수 있고 인간의 관점에서 더 멋있게 보이는 인본주의 방법으로 곧 자기의 손으로 노력한 결과인 땅의 소산으로 제물을 삼아 하나님께 드리기 시작했다. 반면에 아벨은 계속해서 약속의 말씀에 따라 믿음을 갖고 양의 첫 새끼와 그 기름을 제물로 드렸다(히11:4; 히9:22; 요1:29). 즉 가인의 제물은 죽은 종교적 헌물이었지만 아벨의 제물은 영과 진리로 하나님을 경배하며 드리는 믿음의 헌물이었다.

> "주께서 아벨과 그의 헌물에는 관심을 가지셨으나 가인과 그의 헌물에는 관심을 갖지 아니하시므로"(창4:4하, 5상)

어떻게 가인과 아벨은 하나님께서 그들의 제물을 받으시는지 또는 거절하시는지 알 수 있었을까? 정확하게 얘기할 수는 없겠지만 우리는 성경의 다른 곳들로부터 추정해 볼 수 있다. 즉 기드온, 엘리야, 다윗, 솔로몬 등이 하나님께 응답받은 사건들(삿6:21; 왕상18:38; 대상21:26; 대하7:1)의 예를 볼 때 하나님께서 받으시는 제물이라면 불(火)에 의해 살라졌을 것이다. 하늘로부터 불이 내려와서든지 아니면 생명나무의 길을 지키고 있던 그룹들(cherubims)의 화염검(火焰劍; flaming sword)에 의해서든지 아벨의 제물은 살라졌을 것이고 가인의 제물은 살라지지 않았을 것이다.

2) 증상

▌ "가인이 몹시 분하여 침통해하니"(창4:5하)

가인의 분노는 바로 자존심(pride)의 상처에 기인하고 있다. 아마도 공개적으로 동생인 아벨과 비교가 되었을 터인데 스트레스 호르몬의 분비가 증가하여 화병(火病)의 한 증상으로서 안색이 변하였고 또 그 외에도 각종 증상들 곧 가슴이 답답함, 치밀어 오르는 눈물, 진땀, 불면, 신체열감, 한숨, 긴장 등의 신체 증상과 속상함, 억울함, 분함, 화남, 증오 등의 감정이 솟구쳤을 것이다. 그러나 자기의 영적 교만과 위선이 드러나자 회개를 하는 것이 아니라 오히려 죄를 계속 품으면서 분을 내고 있는 가인에게 하나님은 부드럽게 다가가시며 경고를 하신다.

> "주께서 가인에게 이르시되, 네가 어찌하여 분을 내느냐? 어찌하여 침통해하느냐? 네가 잘 행하면 어찌 너를 받지 아니하겠느냐? 그러나 네가 잘 행하지 아니하면 죄가 문에 엎드려 있느니라. 죄의 욕망이 네게 있으니 너는 죄를 다스릴 것이니라."(창4:6,7)

물론 하나님께서는 답을 알지 못하셔서 질문하신 것이 아니셨다. 단지 가인이 자신의 내면에서 일어나고 있는 것을 확실히 깨닫고 멈추시기를 원하셨다. 시기, 질투, 미움, 증오, 살의 등의 감정적 변화가 한 스펙트럼(spectrum; 全域)을 이루면서 죄가 드러나고 쌓여 가는 악의 고리를 끊어 버리길 바라셨다(요일3:15; 엡4:26,27). 아울러 하나님께서는 죄의 파괴적인 능력에 대해 경고하셨는데 가인은 죄에 대항함으로 복을 받을 수도 있었고 죄에 빠져 몰락할 수도 있었다.

> "가인이 자기 동생 아벨과 이야기를 하니라. 그 뒤에 그들이 들에 있을 때에 가인이 일어나 자기 동생 아벨을 죽이니라."(창4:8)

그때까지 어떤 인간도 죽거나 살해된 적이 없었다. 그러나 가인은 동물들이 제물로 바쳐지기 위해 살육되는 것을 수없이 봐 왔을 것인데 결국 아벨을 같은 방식으로 없애 버리게 된 것이다. 그런데 가인의 행위가 무서운 것은 살인이라는 결과 때문만이 아니라 그가 사전에 계속해서 살인을 묵상해 왔었을 것이라는 사실 때문이다. 한때 대속자(代贖者; redeemer)로서의 희망을 가지게 하였던 가인은 마침내 인류 최초의 살인자가 되고 말았다.

> "주께서 가인에게 이르시되, 네 동생 아벨이 어디 있느냐? 하시니 그가 이르되, 내가 알지 못하나이다. 내가 내 동생을 지키는 자이니까? 하매"(창4:9)

하나님께서 아벨이 어디 있는지 모르셔서 이러한 질문을 하신 것이 아니라 가인이 자기 죄를 자백하고 회개할 수 있는 기회를 주시기 위해서 물으신 것이다. 그런데 가인의 거짓된 대답은 하나님 앞에 전혀 소용없는 변명에 불과할 뿐이었다. 누가 감히 하나님을 속이며 하나님에게 죄를 숨길 수 있겠는가? 가인은 형(兄)으로서 동생을 지켰어야 했는데 오히려 동생을 죽이고 말았다. 그리고 그 살인의 동기는 영적 질투·심인 것을 다시 한 번 보여주고 있다(유1:11; 딤후3:5).

3) 예후

> "주께서 이르시되, 네가 무엇을 하였느냐? 네 동생의 피 소리가 땅에서 내게 부르짖느니라. 땅이 그 입을 벌려 네 손에서 네 동생의 피를 받았은즉 이제 네가 땅에게서 저주를 받으리니 네가 땅을 갈아도 이후로는 땅이 그 효력을 네게 내지 아니할 것이요, 네가 땅에서 도망하는 자가 되고 방랑하는 자가 되리라, 하시매"(창4:10-12)

피 소리가 땅에서부터 하나님께 호소한다는 개념은 성경에 반복하여 나타나고 있다. 살인자로 인해 더럽혀진 땅은 살인자가 처벌을 받아야 깨끗하게 된다(민35:29-34). 아담이 타락하여 저주를 받은 것 이상으로 농부였던 가인은 땅에서 아무런 소득을 얻을 수 없게 되었으며 또 아담이 죄로 인해 에덴에서 쫓겨난 것과 달리 가인은 땅의 어떤 곳에서도 안식을 찾을 수 없게 되었다.

> "가인이 주께 아뢰되, 내 형벌이 내가 감당하기에 너무 크니이다. 보소서, 주께서 이 날 지면에서 나를 쫓아내시온즉 내가 주의 얼굴을 떠나 숨으리이다. 내가 땅에서 도망하는 자가 되고 방랑하는 자가 되리니 나를 찾는 자마다 나를 죽이겠나이다, 하매 주께서 그에게 이르시되, 이런 까닭에 누구든지 가인을 죽이는 자는 일곱 배로 보복을 받으리라, 하시고 가인에게 표(標)를 주사 아무도 그를 찾아 죽이지 못하게 하시니라."(창4:13-15)

하나님께서는 가인이 다른 사람들로부터 죽임을 당하는 것을 원치 않으셨다. 그래서 누구든지 알 수 있는 표를 가인에게 주셔서 가인을 보호하셨다. 그러나 가인은 자기의 죄에 대하여 뉘우치는 것이 아니라 자기가 받은 벌에 대해서만 하소연하고 있다.

> "가인이 주의 눈앞을 떠나 에덴의 동쪽 놋 땅에 거하더라. 가인이 자기 아내를 알았더니 그녀가 수태하여 에녹을 낳으매 가인이 한 도시를 세우고 자기 아들의 이름을 따라 그 도시의 이름을 에녹이라 부르니라."(창4:16,17)

가인은 자기의 수많은 여동생 (혹은 조카나 사촌) 중의 하나와 결혼을 하였을 터인데 당시에는 인간의 유전자 풀(gene pool)이 순수하여 근친 결혼이라도 아무 문제가 없었을 것이다.

"에녹이 이랏을 낳고 이랏은 므후야엘을 낳고 므후야엘은 므두사엘을 낳았고 므두사엘은 라멕을 낳았더라. 라멕이 두 아내를 취하였으니 하나의 이름은 아다요, 다른 하나의 이름은 실라더라. 아다는 야발을 낳았으니 그는 장막에 거하는 자들과 가축을 치는 자들의 조상이 되었고 그의 동생의 이름은 유발이니 그는 하프와 오르간을 다루는 모든 자들의 조상이 되었더라. 실라도 두발가인을 낳았으니 그는 놋과 쇠로 된 것을 만드는 자들을 가르치는 자요, 두발가인의 누이는 나아마더라."(창4:18-22)

가인의 후손들이 급속도로 다산하고 번성하여 땅에 충만하게 되자 도시가 생겼고 건축, 음악, 미술, 금속 등의 문명과 문화가 발달하게 되었다. 가인부터 시작하여 여섯 번째 세대인 라멕(Lamech)은 '정복자'란 뜻을 갖고 있는데 역사상 최초로 하나님께서 계획하신 일부일처(一夫一妻)를 거슬린 자이다. 아울러 두 부인과 딸의 이름들(Adah = 쾌락, 장식; Zillah = 그늘; Naamah = 귀여움)에서 유추해 보건대 라멕의 문화는 육적이며 외형적인 아름다움을 추구하는 것이었을 것이다.

"라멕이 자기 아내들에게 이르되, 아다와 실라여 내 음성을 들으라. 라멕의 아내들이여, 내 말에 귀를 기울이라. 이는 내가 상처를 입었으므로 남자를 죽였고 내가 다쳤으므로 청년을 죽였음이라. 가인을 해치는 자가 일곱 배로 보복을 받을진대 참으로 라멕을 해치는 자는 일흔일곱 배로 받으리라, 하더라."(창4:23, 24)

가인의 때에 비해 라멕의 때는 그 타락과 죄악의 정도가 더욱 심해진 것을 알 수 있다. 자신의 힘을 자랑하는 전형적인 인본주의가 라멕의 시대와 같은 인류 초기에서부터 창궐하고 있는데 라멕은 자기의 살인에 대한 정당성을 주장하고 있고 동시에 하나님께서 자기를 마땅히 가인보다 더 보호하실 것이라는 자가당착(自家撞着)에 빠져 있다. '나의 상처(my wounding)'와 '나의 다침(my hurt)'이란 표현은 양심과 감정에 상처(火)를 받은 상태를 말한다고 볼 수 있는데 이는 가인이 살인 전에 소유했던 내면의 상태가 라멕에게서 증폭된 것이라 여겨진다. 즉 가인에서부터 시작하여 라멕에 이르기까지 인간의 화(火)와 죄(罪)와 그 결과들이 반복되면서 더욱 악화되고 있는 것을 확인하게 된다.

4) 회복

> "아담이 다시 자기 아내를 알매 그녀가 아들을 낳아 그의 이름을 셋이라 하였으니 이는 그녀가 이르기를, 가인이 죽인 아벨 대신 하나님께서 내게 다른 씨를 정해주셨다 하였음이더라. 셋에게도 아들이 태어나매 셋이 그 이름을 에노스라 하였으며 그때에 사람들이 주의 이름을 부르기 시작하였더라."(창4:25, 26)

아담과 이브가 낳은 수많은 자녀들의 이름은 기록이 되지 않았지만 유독 셋(Seth)은 여자의 후손으로 오실 메시아의 통로가 되기 때문에 그 이름이 언급되고 있다. 그리고 비록 사악한 시대이지만 하나님을 경배하는 것이 사람들에게 불가능하지는 않았다(롬10:13).

3. 창세기 4장의 그리스도

1) 아벨의 관점

하나님께서 가인의 제물도 아벨의 제물처럼 열납하셨더라면 좋지 않았을까? 그렇다면 가인도 화가 나지 않았을 것이고 따라서 동생 아벨도 죽지 않고 형제가 사이좋게 잘 살 수 있었을 텐데 하는 바람이 생기는 것은 당연하다고 할 수 있다. 그러나 우리의 희망사항과 하나님의 뜻이 상충될 때 우리는 불완전한 인간의 바람을 포기하고 아벨처럼 완전하신 하나님의 말씀을 받아들여야 한다.

2) 그리스도의 필요성

하나님께 열납되는 제물을 드렸던 아벨도 근본적으로는 죄를 용서받아야 될 필요가 있는 죄인이었다. 아담의 타락으로 말미암아 세상에 들어오게 된 죄의 영향력이 너무나 커서 어떤 사람도 스스로 죄 문제를 해결하여 하나님의 영광에 이를 수 없게 되었다(롬3:23; 5:12).

오직 하나님께서만 이 문제를 해결하실 수밖에 없어서 하나님은 죄가 세상에 들어오자마자 구원자를 보내주실 것을 약속(창3:15)하시면서 또한 그 구원의 방법(창3:21)도 알려 주셨다.

즉 그리스도의 피를 믿음으로 받아들일 때에 영원한 진노로부터 벗어날 수 있게 되는 것이 하나님의 방식이요 유일한 구원의 방법인 것이다(롬5:8,9).

3) 그리스도의 피

아벨은 하나님의 구원하심을 믿고 어린양되신 그리스도를 예표하는 '양의 첫 새끼'를 잡아 그 피를 흘리며 하나님께 나아갔던 것인데 따라서 하나님께서는 아벨의 제사를 기뻐 받으시게 되었던 것이다.

하나님은 인류 역사를 통해 이 사실을 더욱 분명히 계시하셨다. 구약에 기록되어 있는 이스라엘의 역사 속에서 이스라엘 백성이 하나님께 나아가고자 할 때에는 반드시 양을 속죄 제물로 바쳐 그 피가 흘려지도록 했던 것을 우리는 잘 알고 있다. 물론 하나님께서는 어느 한 족속에게 국한된 것이 아니라 온 인류에게 이 방법을 계시하셨다. 노아의 장남인 야벳의 후손이 중국 땅에 들어와 살면서 삼황오제(三皇五帝) 시대를 열었을 때 황제의 사관인 창힐(蒼吉頁)이 만든 상형문자인 한자 속에도 하나님께서 열납하실 수 있는 제사의 방법이 잘 나타나 있다.

한자어 제(祭)를 살펴보면 육(肉) + 우(又) + 시(示)와 같이 셋으로 구분되는데 양의 고기(肉)를 잡아 또 다시(又) 하나님(示: 한 하나님께서 성부, 성자, 성령의 세 인격으로 우리에게 드러나 보이심)께 드리는 것이 진정한 제사임을 알 수 있다. 아울러 우리가 하나님 보시기에 의(義)롭다고 인정받는 것도 한자어 의(義)를 살펴볼 때 그 구체적인 방법을 잘 알 수 있게 된다. 의(義)는 양(羊) + 손(手) + 창(戈)으로 구성되어 있는데 곧 어린양(그리스도)을 손으로 잡고 창으로 찌를 때 흘러나오는 피(血)로써만 모든 죄를 씻음 받고 의롭게 될 수 있는 것이다(롬5:9; 히 9:12,22; 요일1:7).

4) 가인의 관점

요즈음도 많은 사람들이 하나님께서 자기들의 방식을 용납하지 않으신다고 하나님께 화를 내고 있다. 심지어 '예수님을 믿는다'고 하는 사람들 중에도 하나님께서 주신 희생제물 예수 그리스도를 가지고 하나님께 나아가기를 원하지 않는다. "뭐하러 예수님을 꼭 통해야 하느냐? 직접 하나님께로 가겠다. 나는 그리스도 없이도 하나님과 화목할 수 있다."고 많은 이들이 주장하지만 그것은 불가능하다.

예수님께서는 말씀하셨다. "내가 곧 길이요 진리요 생명이니 나로 말미암지 않고는 아버지께로 올 자가 없느니라."(요14:6) 그렇다. 우리는 가인처럼 하나님께서 정하신 원칙을 받아들이지 않으면서 하나님께서 우리를 받아주시리라 기대할 수 없는 것이다.

4. 마무리

영화 '에덴의 동쪽'이나 소설 '카인의 후예' 등을 통해서도 창세기 4장의 이야기는 많은 사람들에게 알려져 있다. 인간의 원초적인 갈등(火)과 관련된 이 가인의 스토리는 인본주의 작가들에게 아주 매력적인 소재임에 틀림이 없지만 그들이 그 안에 내재된 진리를 왜곡함으로써 우리에게 심각한 영적 침해를 끼치고 있다. 즉 역사적 사실을 하나의 재미난 허구(fiction)로 변형시키는 것으로부터 우리의 믿음을 좀먹기 시작하여 공의와 사랑의 하나님에 대한 이미지를 율법적이며 잔인한 하나님으로 바꿔 놓아 결국은 우리의 죄악에 대한 책임을 하나님께 전가하도록 부추기고 있다.

또한 창세기 4장에 나타난 (내면의 죄를 포함한) 죄를 기독교계 내에서조차 죄(罪)라고 분명히 말하지 않고 대신 하나의 병(病)으로 여기려는 경향이 최근 들어 늘어나고 있는 것도 중요한 문제라고 생각된다. 즉 애통하며 회개하여야 할 죄(罪)가 심인성 질환(心因性 疾患; 잠15:13; 잠17:22)의 영역으로 전락해 버리기도 하는데 창세기 4장에서는 분명 화(火)와 죄(罪)가 동전의 앞뒤 면이며 죄(罪)는 회개하고 다스려야 하는 것임을 확인해 주고 있다.

화(火)가 날로 솟구치며 죄(罪)가 나날이 증폭되고 있는 이 마지막 세대에게 예수 그리스도의 보혈(寶血) 외에 무엇이 더 필요하겠는가!

> "이 예수님을 하나님께서 그분의 피를 믿는 믿음을 통하여 화해 헌물로 제시하셨으니 이것은 하나님께서 오래 참으심으로 과거의 죄들을 사면하사 자신의 의를 밝히 드러내려 하심이요,"(롬3:25)
>
> "그러면 이제 우리가 그분의 피로 말미암아 의롭게 되었은즉 더욱더 그분을 통하여 진노로부터 구원을 받으리니"(롬5:9)
>
> "그분의 십자가의 피를 통하여 화평을 이루사 모든 것 곧 땅에 있는 것들이나 하늘에 있는 것들이 그분으로 말미암아 자신과 화해하게 하셨기 때문이니라."(골1:20)

성경 속 돌연사

1. 들머리

최근 사회적, 의학적으로 많은 관심과 조명을 받고 있는 돌연사(突然死, sudden death)는 '일상생활을 하던 건강한 사람이 갑자기 사망'하는 경우를 일컫는 말이다.

물론 평소 건강하던 사람의 급사(急死)라 하더라도 재해를 포함한 사고사, 살해 등은 당연히 돌연사의 범주에서 제외되어야 한다. 그래서 일반적으로 부검 등에 의하지 않고 사망의 원인을 정확히 이해할 수 없는

(또는 드물지만 현재의 의학적 수준으로는 부검을 한다 하더라도 사인을 확인할 수 없는) 갑작스런 죽음의 경우를 돌연사로 정의할 수 있다.

인간의 생사화복과 희로애락이 다양하게 기록되어 있는 성경에서도 돌연사로 추정되는 사건들이 언급이 되고 있다. 이 글에서는 성경 속에 나타난 돌연사 10가지 경우들을 성경 66권의 배열 순서에 따라 살펴보고 이를 통해 우리의 영적인 유익을 구해 보고자 한다(딤후3:16).

2. 이집트 장자의 죽음(출11:1-12:36)

> "한밤중에 주께서 이집트 땅의 처음 난 것 즉 왕좌에 앉은 파라오의 처음 난 자로부터 옥에 갇힌 자의 처음 난 자까지 다 치시고 또 가축의 처음 난 것을 다 치시매 그 밤에 파라오와 그의 모든 신하들과 온 이집트 사람들이 일어나고 이집트에 큰 부르짖음이 있었으니 이는 그곳에서 사람이 죽지 않은 집이 하나도 없었기 때문이더라."(출12:29-30)

하나님께서는 사백년 동안 이집트에서 종살이 하고 있던 이스라엘 백성을 해방시키기 위해 모세를 통해 파라오에게 피, 개구리, 이, 파리, 전염병, 종기, 우박, 메뚜기, 캄캄한 어둠 등 9가지 재앙을 내리셨다(출 7:14-10:35). 그러나 파라오는 마음이 완악하여 이스라엘 백성을 가지 못하게 하였는데 마지막 10번째 재앙 곧 이집트에 있는 모든 장자의 죽음 후 파라오는 모세에게 이스라엘 백성을 데리고 떠나도록 허락하였다.

이것이 바로 유월절(逾越節, Passover) 사건이다. 유월절 어린양을 죽여 그 피를 문의 인방과 양 옆 기둥에 뿌린 후 그 집안에 거했던 사람들은 단 한 명도 죽지 않았지만 어린양의 피로 보호를 받지 못했던 이집트인들의 모든 장자들은 돌연사를 당할 수밖에 없었다.

이 유월절은 하나님께서 짐승의 피를 흘려 가죽 옷을 아담과 이브에게 입혀주신 것으로부터 시작해서 인간은 오직 피 흘림을 통해서만 죄의 사면을 받을 수 있음을 보여주는 사건으로 궁극적으로는 어린양이신 예수 그리스도의 십자가 보혈을 예표하고 있다(창3:21; 요1:29; 히9:22; 벧전1:18,19; 요일1:7하).

3. 나답과 아비후의 죽음(레10:1-3)

> "아론의 아들 나답과 아비후가 각각 자기의 향로를 가져다가 그 안에 불을 담고 그 위에 향을 놓되 주께서 그들에게 드리라고 명령하지 아니한 이상한 불을 그분 앞에 드렸더니 불이 주 앞에서 나와 그들을 삼키매 그들이 주 앞에서 죽으니라."(레10:1-2)

신약시대에는 누구나 다 하나님께 직접 나아가 예배를 드릴 수 있지만 구약 시대에는 성결의식에 의해 거룩해진 제사장들만이 하나님께 나아가 제사를 드릴 수 있었다. 그런데 하나님을 가까이서 섬기던 제사장인 나답과 아비후는 하나님께서 명령하지 아니한 불로 제사를 드리다가 돌연사를 당하였다.

즉 이들은 거룩하신 하나님을 경홀히 여기고 자신들의 영적 특권을 남용하여 자의적인 제사를 드렸기 때문에 하나님께로부터 나오는 불에 의해 심판을 받게 된 것이다(신4:24).

하나님께서 명령하지 아니한 불은 하나님의 뜻을 따르지 아니하고 자기 소견에 좋은 대로 행하는 모든 행위를 상징한다고 볼 수 있다(신 12:8; 삿17:6; 21:25). 특별히 말씀을 가르치고 선포할 때 인간의 이성과 철학의 잣대로 하나님의 말씀을 재단하여 변개시키는 경우 하나님의 심판이 임할 것은 명약관화한 사실이다(신4:2; 잠30:6; 계22:18,19).

4. 모세의 죽음(신34:4-7)

> "주께서 그에게 이르시되, 이것이 내가 아브라함과 이삭과 야곱에게 맹세하여 이르기를, 내가 네 씨에게 그것을 주리라, 한 땅이라. 내가 네 눈으로 그것을 보게 하였거니와 너는 거기로 건너가지 못하리라, 하시니라. 이와 같이 주의 종 모세가 주의 말씀대로 거기서 모압 땅에서 죽으니라. 그분께서 벧브올 맞은편 모압 땅에 있는 골짜기에 그를 묻으셨으나 아무도 이 날까지 그의 돌무덤에 대해 알지 못하느니라. 모세가 죽을 때에 나이가 백이십 세였으나 그의 눈이 어둡지 아니하였고 타고난 힘이 줄지 아니하였더라."(신34:4-7)

이스라엘의 위대한 지도자 모세는 누구보다도 가나안 땅에 들어갈 자격을 갖춘 자였다(신34:10-12). 그러나 므리바에서의 물 사건으로 인해 분노하여 하나님의 거룩하심을 온전히 드러내지 못하였기 때문에 가나안 땅에 들어가지 못하고 120세에 죽었지만 죽는 그 순간까지 눈이 어둡지 아니하였고 타고난 힘이 줄지 아니하였다(민20:7-13; 신34:7). 즉 모세의 죽음은 노화에 의한 단순한 자연사라기보다는 돌연사인 것이다.

모세 당시 인간의 평균수명이 70~80년이라는 사실을 감안해 보면 모세에게는 특별히 노화가 늦춰져 하나님께서 허락하신 120세를 향유할 수 있는 무엇인가가 있었을 것으로 생각이 된다(창6:3; 시90:10).

인간의 머리카락이나 피부세포의 주기를 보더라도 인간의 유전자는 120세를 살 수 있도록 프로그래밍 되어 있는 것이 사실이다. 따라서 우리도 노화를 잘 관리한다면 주님께서 주시는 건강한 장수의 복을 모세처럼 누릴 수 있을 것이다(시90:12; 졸저 '성서건강학' 중 '노화' 및 '장수' 참조 요망).

5. 엘리의 죽음(삼상4:16-18)

"그 사람이 엘리에게 이르되, 나는 군대에서 나온 자니이다. 내가 오늘 군대에서 도망하였나이다, 하니 그가 이르되, 내 아들아, 거기서 무슨 일이 일어났느냐? 하매 그 사자가 대답하여 이르되, 이스라엘이 블레셋 사람들 앞에서 도망하였고 또 백성 가운데는 큰 살육이 있었으며 당신의 두 아들 홉니와 비느하스도 죽었고 하나님의 궤는 빼앗겼나이다, 하니라. 그가 하나님의 궤를 언급할 때에 엘리가 의자에서 뒤로 넘어져 문 옆에서 목이 부러져 죽었으니 이는 그가 노

인이요, 또 몸이 무거웠기 때문이라. 그가 사십 년 동안 이스라엘을
재판하였더라."(삼상4:16-18)

엘리는 사사시대 말기의 사사(士師, 재판관, judge) 중의 한 사람으로
서 제사장을 겸하며 40년 동안 이스라엘을 재판하였으나 자녀교육과
정치에 실패함으로써 가정적으로나 국가적으로 몰락을 초래한 장본인
이었다. 또 본인도 두 아들의 죽음과 하나님의 법궤가 빼앗겼다는 소식
을 듣자마자 (나이와 몸무게를 고려하면 아마도 심장돌연사에 의해) 넘
어져 최후를 맞이한 비참한 운명의 주인공이다.

엘리의 아들들은 제사장의 가문에서 자랐지만 하나님을 알지 않았다
(삼상2:12-17). 그들은 하나님께 드려지는 제사를 멸시했으며 간음과
여러 가지 악한 일들을 행하였다(삼상2:22-25). 그러자 하나님께서는
자녀를 바르게 교육하지 못한 엘리에게 책임을 물어 심판을 행하신 것
이다(삼상3:13,14).

하나님께서 말씀하신다. "나를 존중히 여기는 자들을 내가 존중히
여기고 나를 멸시하는 자들을 소홀히 여기리라."(삼상2:30하)

6. 벧세메스 사람들의 죽음(삼상6:19,20)

"벧세메스 사람들이 주의 궤를 들여다보았으므로 그분께서 그들을
치시되 곧 그분께서 백성 중에서 오만 칠십 명을 치시니라. 주께서
백성 중에서 많은 사람을 쳐서 크게 살육하셨으므로 백성이 애곡하

였더라. 벧세메스 사람들이 이르되, 이 거룩하신 주 하나님 앞에 누가 능히 서리요? 그분께서 우리를 떠나 누구에게로 가실까? 하더라."(삼상6:19, 20)

블레셋이 이스라엘로부터 빼앗은 하나님의 법궤가 블레셋 진영에 있는 동안 거대한 다곤 신상이 박살났고 아스돗, 가드, 에그론 등으로 법궤가 옮겨갈 때마다 많은 사람들이 죽었다(삼상5:1-12). 그러자 블레셋 사람들은 법궤를 이스라엘의 벧세메스로 보내게 되었는데 이곳 사람들은 블레셋 사람들보다도 더 하나님의 (궤를 들여다보지 말라는) 말씀을 무시하며 궤를 들여다보다가 (이스라엘) 백성 중에서 오만 칠십 명이 갑자기 죽게 되는 일이 발생하였다(민4:5,6, 17-20).

하나님은 거룩하신 분이다(사6:3; 계15:4). 그래서 인간은 누구도 예외 없이 하나님의 거룩하심에 노출되는 순간 하나님의 은혜가 아니고서는 살아남을 수가 없는 것이다(출33:20-23; 사6:5-8; 롬3:23; 6:23).

7. 웃사의 죽음(삼하6:1-11; 대상13:1-14)

"그들이 나곤의 타작마당에 이르렀을 때에 소들이 하나님의 궤를 흔들므로 웃사가 자기 손을 내밀어 그 궤를 붙들었더니 주의 분노가 웃사를 향해 타올라 하나님께서 그의 잘못으로 인하여 그를 거기서 치시매 그가 거기서 하나님의 궤 옆에서 죽으니라."(삼하6:6, 7)

다윗이 사람들과 함께 하나님의 궤를 새 수레에 싣고 기브아에 있던 아비나답의 집에서 가지고 나오다 나곤(기돈)의 타작마당에 이르렀을 때 궤가 흔들려 넘어지려 하였다. 그러자 웃사가 손을 내밀어 궤를 붙들어서 궤가 떨어지거나 상하지 않게 하였다. 그러나 이 일로 인해 웃사는 하나님께로부터 복을 받기는커녕 급사를 당하고 말았다.

어째서 이런 아이러니가 발생할 수 있는 것인가? 하나님의 궤를 가져온다는 생각은 선한 것이었지만 방법과 절차는 하나님께서 원치 아니하시는 것이었기 때문이었다(대하15:12,13; 롬10:2,3). 즉 수레를 사용하여 궤를 옮기는 것이 아니라 시팀나무로 된 막대들을 금으로 입힌 후 그 막대들을 궤의 양쪽 옆면의 고리들에 끼워 그것들로 궤를 나르게 하는 것이 하나님의 방법이었던 것이다(출25:10-15).

> "내가 그들에 대해 증언하노니 그들이 하나님께 대한 열심은 있으나 지식에 따른 것이 아니니라. 그들이 하나님의 의를 알지 못하여 자기 자신의 의를 세우려고 다니면서 하나님의 의에 복종하지 아니하였느니라."(롬10:2,3)

8. 창녀의 아이의 죽음(왕상3:16-28)

> "그때에 창녀인 두 여자가 왕에게 나아와 그 앞에 서고 한 여자가 이르되, 오 내 주여, 나와 이 여자가 한 집에 사는데 내가 집에서 아이를 낳을 때에 그녀도 함께 있었나이다. 내가 해산한 지 사흘 뒤에 이 여자도 해산하였는데 우리가 함께 있었고 집에 있던 우리 둘 외에는

> 집에 우리와 함께한 낯선 사람이 아무도 없었나이다. 그런데 밤에 이
> 여자가 자기 아이 위에 누우므로 그 아이가 죽으니 그녀가 한밤중에
> 일어나 주의 여종이 잠든 사이에 내 아들을 내 옆에서 가져다가 자기
> 품에 누이고 자기의 죽은 아이를 내 품에 누였나이다."(왕상3:16-20)

솔로몬의 명 판결로 인해 많은 사람들에게 익히 잘 알려져 있는 이 사건은 '영아 급사 증후군'(SIDS, sudden infant death syndrome; 영아 돌연사 증후군)에 대한 최고(最古)의 기록이다. 이 예에서 보듯 영아 급사 증후군은 대부분 6개월 미만의 영아에서 주로 밤부터 아침사이에 일어난다. 아마도 폭신한 요에서 엎드려 재우다 질식사를 한 것이 아닌가 하는 추정도 해볼 수 있다.

아이를 키우는 부모라면 영아 급사 증후군을 예방하기 위한 여러 가지 의학적 지침들을 잘 숙지하는 것이 필요할 것이다.

그러나 그럼에도 불구하고 하나님께서 어린아이를 데려가셨다고 한다면 그 아이는 지금 천국에 가 있음을 확실히 알고 참된 평강과 위로를 얻게 되기를 소원한다(욥3:11-17; 막10:13-16; 졸저 '성경으로 세상보기2' 중 '밀양' 참조 요망).

9. 수넴 여인의 아들의 죽음(왕하4:18-20)

> "그 아이가 자라매 하루는 수확하는 자들에게로 나가서 자기 아버지
> 에게 이르러 자기 아버지에게 말하되, 내 머리야 내 머리야, 하므로

> 그의 아버지가 한 소년에게 이르되, 그 아이를 그의 어머니에게로 데
> 려가라, 하매 그가 그 아이를 취해 그의 어머니에게로 데려갔는데 그
> 아이가 정오까지 그녀의 무릎에 앉았다가 죽으니라."(왕하4:18-20)

수넴에 사는 한 여인은 엘리사가 하나님의 사람인 것을 알아보고 엘
리사에게 빵을 대접하며 그가 거할 방을 마련해 주었다(왕하4:8-10). 그
러자 엘리사는 이 여인의 배려에 감동하여 아이가 없던 그녀에게 수태
의 복이 임할 것을 선포하였는데 그 예언대로 아들이 태어나게 되었다
(왕하4:13-17).

그런데 이렇게 기적적으로 태어난 아이가 잘 자라다가 갑자기 죽게
되었으니 그 부모의 상심은 이루 말할 수 없었을 것이다. 그러나 이 수
넴 여인은 절망하지 아니하고 엘리사에게 나아가 간청하였는데 엘리사
는 주님께 기도한 후 아이 위로 올라가 그 위에 엎드리고는 자기의 입을
그의 입에, 자기의 눈을 그의 눈에, 자기의 손을 그의 손에 대고 그 아이
위에 자기 몸을 펴서 죽은 아이를 다시 살려냈다(왕하4:21-37).

그렇다. 가장 깊은 절망은 하나님의 영광을 보게 되는 단초가 될 수
있는 것이다(요11:40).

10. 아나니아와 삽비라의 죽음(행5:1-11)

> "베드로가 이르되, 아나니아야, 어찌 사탄이 네 마음에 가득하여 네
> 가 성령님께 거짓말을 하고 땅값의 얼마를 감추었느냐? 땅이 남아

있었을 때에 네 것이 아니었느냐? 그것을 판 뒤에도 네 마음대로 할 수 있지 아니하였느냐? 네가 어찌하여 이 일을 네 마음속에 품었느냐? 네가 사람에게 거짓말하지 아니하고 하나님께 하였도다, 하니 아나니아가 이 말을 듣고 쓰러져 숨을 거두매 이 일들을 들은 모든 사람들에게 큰 두려움이 임하더라. ~ 베드로가 그녀에게 응답하여 이르되, 내게 말하라. 너희가 땅을 그 값에 팔았느냐? 하니 그녀가 이르되, 예, 그 값이니이다, 하거늘 이에 베드로가 그녀에게 이르되, 어찌하여 너희가 서로 합의해서 주의 영을 시험하려 하느냐? 보라, 네 남편을 묻은 사람들의 발이 문 앞에 이르렀은즉 또한 너를 메고 나가리라, 하니 이에 곧 그녀가 베드로의 발 앞에 쓰러져 숨을 거두니라."(행5:3-5, 8-10)

아나니아와 삽비라 부부는 함께 소유 하나를 팔아 그 값에서 얼마를 감추고 일부만 사도들에게 가져가서 마치 팔은 금액 전부를 다 가져온 것처럼 거짓말을 하였다(행5:1,2). 그러자 베드로가 아나니아와 삽비라를 각각 책망하였고 이 부부는 베드로의 책망이 끝나자마자 차례대로 곧 죽고 말았다.

왜 하나님께서는 다른 사람들에게 손해를 끼치지 않고 단지 자기 자신을 높이기 위해 거짓말을 한 것뿐인 아나니아와 삽비라를, (그것도 엄청난 액수의 헌금을 하였을 이 부부를) 죽이셔야만 했을까?

만약 거짓말을 한 사람들이 모두 이 부부처럼 죽임을 당하게 된다면 교회 안에서도 살아남을 수 있는 사람은 거의 없을 것이다. 이 같은 일은 분명 '초대 교회'라는 특수한 상황 때문에 일어났다. 이제 막 태동한 갓난아이와 같은 교회 속으로 파고드는 거짓 곧 '사탄의 계략'을 초기에 신속하고도 강력하게 제거하지 않으면 교회는 금방 무너질 수 있었기 때문이었다(고후2:11).

> "이것은 사탄이 우리를 이용하지 못하게 하려 함이라. 우리는 그의 계략들에 대해 무지하지 아니하노라."(고후2:11)

11. 헤롯의 죽음(행12:20-23)

> "한 정해진 날에 헤롯이 왕복을 차려입고 자기 왕좌에 앉아 그들에게 연설하니 백성이 환호하며 이르되, 그것은 신의 음성이요 사람의 음성이 아니라, 하거늘 헤롯이 영광을 하나님께 돌리지 아니하므로 주의 천사가 곧 그를 치매 그가 벌레들에게 먹혀 숨을 거두니라."
> (행12:21-23)

헤롯대왕의 손자인 헤롯 아그리파 1세(AD39-44)는 유대인들의 환심을 사기 위해 친유대주의 정책을 펌과 동시에 사도 야고보를 죽이고 베드로를 투옥시키는 등 초대교회를 핍박했던 인물이었다. 그가 한 날을 잡아 백성들에게 연설을 할 때 백성들이 헤롯을 신처럼 여기며 칭송하였는데 그는 영광을 하나님께 돌리지 않았다. 그러자 하나님께서는 곧 헤롯을 죽이셔서 그의 교만함을 심판하셨다.

그렇다. 교만은 하나님께서 가장 미워하시는 죄악인 것이며(욥26:12; 시12:3; 31:23; 101:5; 잠9:13; 15:25; 16:5,18; 사2:12; 렘13:15; 단4:37; 말4:1; 약4:6; 벧전5:5), 모든 영광은 오직 하나님께로만 올려져야 하는 것이다(사42:8; 48:11; 고전10:31)

> "멸망에 앞서 교만이 나가며 넘어짐에 앞서 거만한 영이 있느니라." (잠16:18)
>
> "그런즉 너희가 먹든지 마시든지 무엇을 하든지 다 하나님의 영광을 위하여 하라."(고전10:31)

12. 마무리

돌연사는 이제 어느덧 유비쿼터스(ubiquitous)한 우리 모두의 문제가 되어버렸다. 그래서 타인이 응급사항이나 위험에 처한 것을 인지했을 때 일반인의 적극적인 구호활동 참여를 유도하기 위해 2008년 12월 14일 우리나라에서도 흔히 말하는 '선한 사마리아인 법'(good Samaritan law)이 시행되었다.

이것은 '응급의료에 관한 법률' 제5조의 2항, 즉 '선의의 응급의료에 대한 면책'으로서 응급사항에 처한 환자를 도울 목적으로 행한 응급처치 등이 본의 아니게 재산상의 피해를 입혔거나 사상(死傷)에 이르게 한 경우, 고의 또는 중대한 과실이 없는 한 형사상의 책임을 감면해 주는 법률상 면책을 일컫는다.

그렇다면 '선한 사마리아인'(눅10:25-37)이 되도록 부르심을 받은 우리 그리스도인들은 언제 돌연사를 당해 영원한 멸망으로 가게 될지 모르는 우리 이웃들을 어떻게 도와야 할까?

무엇보다도 영적으로 죽어가고 있는 그들을 불쌍히 여기고 긍휼을 베풀어야 한다(눅10:33,37). 가진 바를 모두 사용하여 그들을 살려야 한다(눅10:34,35). 아울러 이것은 선택사항이 아니라 주님의 명령인 것을 잊지 말아야 할 것이다(눅10:37).

> "이것은 하나님 곧 우리 구원자의 눈앞에서 선하고 받으실 만한 것이니라. 그분은 모든 사람이 구원을 받고 진리를 아는 데 이르기를 원하시느니라."(딤전2:3, 4)

성경 속 뇌전증

1. 들머리

최근 어느 일간지에 실린 뇌전증에 대한 의학 칼럼은 다음과 같은 문장으로 시작이 되고 있다.

"뇌전증(간질)은 뇌신경세포의 일시적이고 불규칙적인 이상 흥분에 의해 발생하는 질환이다. 소크라테스, 알렉산더 대왕, 반 고흐 등도 앓았었고, 성경에도 기술돼 있을 정도로 흔한 질환이다."

다양한 질환이 언급되고 있는 성경에서 일반적으로 인구 1,000명당

4~10명 정도로 드물지 않게 발생하는 뇌전증이 기록되는 것은 전혀 이상한 일은 아니겠지만, 그리스도인 가운데서도 성경에 뇌전증(간질)이란 병명이 등장하는지 잘 모르는 분들도 있을 것이다. 아울러 성경에 '간질'에 대한 기록이 있는 것을 이미 알고는 있지만 이 '간질'이란 표현이 의학적으로 맞게 기술된 것인지 의문을 가진 분들도 있을 것이다.

그리고 (다른 질환의 경우에서도 마찬가지겠지만) 뇌전증을 앓고 있는 환우들을 향한 하나님의 뜻은 무엇이며 또 이들을 어떻게 도와주어야 하는 것인지 궁금해 하는 분들도 적지 않으리라 여겨진다.

따라서 이 글에서는 성경 속에 언급된 뇌전증의 예들을 살펴봄으로써 뇌전증을 비롯한 여러 고난들의 치유와 회복을 성경적으로 어떻게 도모해야 하는지 알아보고자 한다.

2. 뇌전증(간질)

한글 개역성경 또는 RSV, ASV 등을 본문으로 하여 '간질'(epileptic)을 검색하여 보면 다음과 같이 마태복음에서 두 번 나타난다.

> "그의 소문이 온 수리아에 퍼진지라 사람들이 모든 앓는 자 곧 각색 병과 고통에 걸린 자, 귀신들린 자, 간질하는 자, 중풍병자들을 데려오니 저희를 고치시더라"(마4:24)
>
> "주여 내 아들을 불쌍히 여기소서 저가 간질로 심히 고생하여 자주 불에도 넘어지며 물에도 넘어지는지라"(마17:15)

그런데 흠정역(KJV)에서 '간질' 대신 '미친 증세'(lunatick)로 번역이 되어 있는 점과 '자주 불 속에 쓰러지며(falleth) 종종 물속에 빠지나이다(falleth)' 라고 구체적으로 표현이 된 점을 고려하면 이 두 구절에서 언급된 뇌전증(간질)은 현대의학적인 뇌전증 곧 '뇌의 잘못된 전기 현상 때문에 발생하는 각종 증상' 을 포함하여 '정신을 잃고' '넘어지는' 제 증상들을 망라하는 개념이라고 할 수 있겠다.

다시 말해 경련의 유무에 상관없이 의식이 소실되어 쓰러지는 경우 보통 뇌전증(간질)이 아닐까 일반적으로 추정해보는 것과 같은 맥락이라고 하겠다.

3. 가시

성경에 등장하는 수많은 인물들 가운데 기독교 역사상 가장 위대한 사도로 일컬음을 받는 바울의 경우도 뇌전증을 앓고 있었을 것이라 추정이 된다(고후12:7).

> "계시들이 넘침으로 말미암아 내가 분량 이상으로 높여지지 않게 하시려고 주께서 내게 육체 안에 가시 곧 사탄의 사자를 주사 나를 치게 하셨으니 이것은 내가 분량 이상으로 높여지지 않게 하려 하심이라."(고후12:7, 이하 흠정역)

사도 바울이 지니고 있었던 '육체 안에 가시' (a thorn in the flesh)가 무엇인지에 대해서는 뇌전증을 위시하여 안질, 말라리아, 불면증, 편두통 등 다양한 해석이 있는데 이 중 뇌전증은 안질과 함께 가장 주석서에 많이 언급이 되는 질환이다.

필자가 볼 때 바울이 뇌전증으로 고생을 하였으리라 여겨지는 이유는 '외상'(trauma)이 뇌전증의 주요한 원인이 될 수 있기 때문이다. 고린도후서 11장 25절과 사도행전 14장을 보면 바울이 루스드라에서 유대인들로부터 돌에 맞아 거의 죽게 될 뻔했던 사건이 기록되어 있다. 유대인들이 돌로 바울을 친 뒤 그가 죽은 줄로 생각할 정도였으니 바울은 분명 심한 두부 손상을 입었을 것이고 그래서 이로 말미암아 뇌전증이라는 후유증이 생겼을 것이라 여겨진다.

> "어떤 유대인들이 안디옥과 이고니움에서 거기로 와서 사람들을 설득하고 돌로 바울을 친 뒤 그가 죽은 줄로 생각하고는 도시 밖으로 그를 끌어내니라. 그러나 제자들이 그를 둘러섰을 때에 그가 일어나 도시로 들어갔다가 이튿날 바나바와 함께 더베로 떠나니라."(행 14:19, 20)

4. 고난

한 번 생각해보자. 바울이 어떠한 사역자였던가? 그는 다마스쿠스로 가는 길에서 극적으로 예수님을 만난 이후 세 차례 선교 여행을 다니면서 수많은 이들을 그리스도께로 인도하고 많은 지역교회들을 세우며 많은 제자들을 양성했던 위대한 복음전도자였다.

심지어 사람들이 바울의 몸에서 손수건이나 앞치마를 가져다가 병자들에게 대기만 해도 질병들이 그들에게서 떠나고 악한 영들도 그들에게서 나가게 되었으며, 죽은 자까지 살렸던 신유의 능력이 충만한 하나님의 종이었다(행19:12; 20:7-12).

그런데 이런 사도 바울에게 뇌전증이란 가시가 있었다. 예를 들어, 하나님의 말씀을 선포하거나 성도를 권면하던 중 갑자기 의식을 잃고 쓰러지곤 하였을 터인데 이것이 바울에게는 심한 육체적 고통뿐 아니라 매우 자존심이 상하고 창피한 일이 되었을 것이다. '자기 병을 하나도 못고치면서 무슨 병을 고치고 복음을 전한다고 하는 거냐. 다 쇼하는 거지.' 라는 비난도 때론 듣곤 하지 않았을까.

그래서 사도 바울은 하나님께 이 고난의 가시를 제거해 달라고 세 번이나 간청하였던 것이리라(고후12:8).

> "내가 이 일로 인하여 그것이 내게서 떠나가도록 주께 세 번 간청하였더니"(고후12:8)

5. 기도

그리스도인이 소유한 많은 복 중 하나는 고난을 당할 때 하나님께 기도할 수 있는 특권이 있다는 사실이다. 물론 모든 그리스도인은 일상의 삶에서 쉬지 말고 기도하여야 하지만 특히 고난을 당할 때 하나님께 기도하며 나아가야 한다(살전5:17; 약5:13; 시50:15).

> "너희 가운데 고난을 당하는 자가 있느냐? 그는 기도할 것이요, 즐거워하는 자가 있느냐? 그는 시를 노래할지어다."(약5:13)

> "고난의 날에 나를 부르라. 내가 너를 건지리니 네가 나를 영화롭게 하리로다."(시50:15)

특히 아무것도 염려하지 말고 기도와 간구로 우리가 요청할 것들을 감사와 더불어 하나님께 아뢰어야 한다. 그러할 때 기도응답의 구체적인 결과와 상관없이, 우리의 이성과 판단을 넘어서는 하나님의 평강이 우리에게 임하게 된다(빌4:6,7).

> "아무것도 염려하지 말고 오직 모든 일에서 기도와 간구로 너희가 요청할 것들을 감사와 더불어 하나님께 알리라. 그리하면 모든 이해를 뛰어넘는 하나님의 평강이 그리스도 예수님을 통해 너희 마음과 생각을 지키시리라."(빌4:6,7)

그래서 사도 바울은 그리스도인의 특권인 기도를 사용하여 이 뇌전증의 가시를 없애달라고 하나님께 세 번 간절히 요청하였던 것이다. 그러나 이 가시는 사라지지 않았다. 그렇지만 바울은 실망하기는커녕 오히려 크게 기뻐하며 이 가시를 자랑하기까지 할 수 있었다(고후12:9하,10).

> "그러므로 내가 오히려 크게 기뻐하며 나의 연약한 것들을 자랑하리니 이것은 그리스도의 권능이 내 위에 머무르게 하려 함이라. 그러므로 내가 그리스도로 인하여 연약한 것들과 치욕과 궁핍과 핍박

과 고난당하는 것을 기뻐하노니 내가 약할 그때에 내가 강하니라."
(고후12:9하, 10)

6. 은혜

왜냐하면 바울은 어떠한 형태의 가시든지 간에, 그 약함과 고난을 해결 받고자 주님께 기도하며 나아갈 때 하나님의 은혜가 임하게 되는 것을 깨달았기 때문이었다(고후12:9상).

> "그분께서 내게 이르시되, 내 은혜가 네게 족하도다. 나의 강한 능력은 약한 데서 완전해지느니라, 하셨느니라."(고후12:9상)

바울과 마찬가지로 우리가 하나님의 은혜를 받으려면, 그래서 우리가 영적으로 완전하고 굳건하고 강하게 자라나기 위해서는 고난이 반드시 필요하다(벧전5:10).

> "그러나 모든 은혜의 하나님 곧 그리스도 예수님을 통해 우리를 부르사 자신의 영원한 영광에 이르게 하신 분께서 너희가 잠시 고난을 받은 뒤에 너희를 완전하게 하시고 굳건하게 하시며 강하게 하시고 정착시키시리니"(벧전5:10)

그런데 고난과 기도와 은혜로 이어지는 신앙의 삶은 바울과 같이 모든 영광을 하나님께 돌리는 것으로 귀착이 되어야 한다(고전15:10).

> "하나님의 은혜로 내가 지금의 내가 되었으니 내게 베푸신 그분의
> 은혜가 헛되지 아니하여 내가 그들 모두보다 더 많이 수고하였으나
> 내가 아니요, 오직 나와 함께하신 하나님의 은혜로다."(고전15:10)

7. 영광

> "그런즉 너희가 먹든지 마시든지 무엇을 하든지 모든 일을 하나님의
> 영광을 위하여 하라."(고전10:31)

모든 일을 하나님의 영광을 위해 하라는 이 준엄한 원칙은 뇌전증을
위시하여 갖가지 질병과 다양한 고난 및 신앙의 문제들을 치유하는 것
에도 동일하게 적용이 되어야 한다.

다시 말하자면 사람의 기술이나 고안으로 행하는 것이 아니라 예수
님께서 하시는 대로 곧 성경에서 제시하는 방법으로 행할 때 하나님께
서 영광을 받게 되시는 것이다(행17:29; 빌4:13).

> "나를 강하게 하시는 그리스도를 통해 내가 모든 것을 할 수 있느니
> 라."(빌4:13)

이제 구체적으로 하나님의 영광이 드러나는 치유법을 보기 위해 다
시 뇌전증의 예가 기록되어 있는 마태복음 17장으로 가보자.

> "주여, 내 아들에게 긍휼을 베푸소서. 그가 미친 증세로 심히 시달리고 자주 불 속에 쓰러지며 종종 물속에 빠지나이다."(마17:15)

이렇게 '정신을 잃고'(lunatick) '넘어지는'(fall) 뇌전증 증상을 가진 아이가 예수님께 나아오자 예수님께서는 그 아이를 치료해주심으로 영광을 받으셨다(마17:18).

> "예수님께서 마귀를 꾸짖으시니 그가 그에게서 떠나가고 아이가 바로 그 시각부터 나으니라."(마17:18)

8. 치유

즉 예수님께서는 아이가 완전히 정신이 들고 일어서도록 해주신 것이다. 이 뇌전증 경우에서 뿐 아니라 예수님과 사도들의 사역은 늘 '정신이 들게 하고' '일으켜 세우는' 사역이었다. (마9:25; 14:31; 막1:31; 9:27; 눅8:54; 행3:7; 4:30; 9:41)

> "그러나 사람들을 내보낸 뒤에 그분께서 들어가사 그녀의 손을 잡으시니 그 소녀가 일어나매"(마9:25)
>
> "예수님께서 즉시 손을 내미사 그를 붙잡으시며 그에게 이르시되, 오 믿음이 적은 자여, 어찌하여 의심하였느냐? 하시니라."(마14:31)
>
> "그분께서 가셔서 그녀의 손을 잡아 그녀를 일으키시니 즉시 열병이

그녀에게서 떠나고 그녀가 그들을 섬기더라."(막1:31)

"예수님께서 그의 손을 잡아 그를 일으키신즉 그가 일어서니라."(막9:27)

"그분께서 그들을 다 내보내시고 소녀의 손을 잡고 불러 이르시되, 소녀야 일어나라, 하시니"(눅8:54)

"그의 오른손을 잡아 그를 일으키매 곧 그의 발과 발목뼈가 힘을 얻고"(행3:7)

"주의 손을 내밀어 병을 낫게 하시고 또 표적들과 이적들이 주의 거룩한 아이 예수님의 이름으로 이루어지게 허락하옵소서, 하더라."(행4:30)

"그가 그녀에게 손을 내밀어 그녀를 일으켜 세우고 성도들과 과부들을 불러 살아 있는 그녀를 보여 주니"(행9:41)

그러나 이와 반대로 사람을 '정신을 잃게'(lunatick) 만들고 '넘어지게'(fall) 만드는 것은 (예수님께서 마귀를 꾸짖으셔서 마귀가 떠나감으로 말미암아 뇌전증이 치유된 사실에서 알 수 있듯이) 바로 마귀의 역사인 것이다(마17:15,18).

9. 입신

대표적으로 '베니 힌' 처럼 사람들을 뒤로 넘어뜨리는 자들이 바로 마귀의 사역자들이라 할 수 있다. 그들은 넘어지는 자들을 붙들기 위해 성경에도 없는 '캐쳐'(catcher)라 부르는 사람들까지 동원하고 있다.

이들은 미혹의 영(딤전4:1)에 이끌려 'Slain in the Spirit'(성령에 의해 살해당함)이란 거짓된 구호를 내세우기까지 하고 있는데 그렇다면 성령님이 살인자란 말인가?

> "이제 성령께서 분명히 말씀하시기를 마지막 때에 어떤 사람들이 믿음에서 떠나 유혹하는 영들과 마귀들의 교리들에 주의를 기울이리라 하시는데"(딤전4:1)

성경에는 물론 성령님에 의해 '서 있지 못하거나 넘어지는' 몇 가지 경우가 기록되어 있다(역하5:11-14; 단10:9-10; 마17:5-7; 요18:5-6; 행9:3-4; 계1:17).

> "제사장들이 그 구름으로 인하여 능히 서서 섬기지 못하였으니 이는 주의 영광이 하나님의 집에 가득하였기 때문이더라."(대하5:14)
>
> "그럼에도 내가 그의 말소리를 들었는데 그의 말소리를 들을 때에 내가 얼굴을 땅으로 향하고 얼굴을 댄 채 깊이 잠들었느니라."(단10:9,10)
>
> "예수님께서 나아와 그들에게 손을 대시며 이르시되, 일어나라. 두려워하지 말라, 하시매"(마17:7)

"그분께서 그들에게, 내가 그로다, 하고 말씀하시매 곧바로 그들이 뒤로 물러가 땅에 쓰러지니라."(요18:5,6)

"그가 땅에 쓰러져 들으매 한 음성이 있어 그에게 이르시되, 사울아, 사울아, 어찌하여 네가 나를 핍박하느냐? 하시거늘"(행9:4)

"내가 그분을 볼 때에 죽은 자같이 그분의 발 앞에 쓰러지니 그분께서 오른손을 내 위에 얹으시며 내게 이르시되, 두려워하지 말라. 나는 처음이요 마지막이니"(계1:17)

10. 마무리

그러면 이처럼 성령님에 의해 쓰러진 경우들이 오늘날 소위 '성령운동'에서 하는 바와 같은 것이라 할 수 있을까? 결코 그렇지 않다.

제사장들이 설 수 없었던 것은 (사람의 직접적인 사역에 의해서가 아니라) 하나님의 주권 때문이었으며 이때 모든 사람에게 동시에 성령님의 권능이 임하였다(대하5:14).

대언자 다니엘은 예기치 못하게 쓰러지게 되었으며 또 뒤가 아니라 앞으로 쓰러졌다(단10:9-10).

베드로, 요한, 야고보는 두려웠기 때문에 한편으론 그들 스스로 넘어진 것으로 볼 수 있으며 또한 넘어졌음에도 의식이 명료하였다(마17:7).

사울이 쓰러졌을 때 옆에 있던 누구도 같이 쓰러지지 않았으며 또한 이때 아무도 사울에게 안수를 하지 않았다(행9:4).

사도 요한이 쓰러진 것은 부활하신 주님을 직접 뵈었기 때문이었다 (계1:17).

그렇다. 오늘날 소위 성령사역자들에 의해 이뤄지는 입신이나 이로 인한 치유의 사역은 결코 성경적인 것이 아니다. 그렇지만 앞으로 이러한 비성경적인 사역은 날이 갈수록 기승을 부리게 될 것이다. 왜냐하면 주님 다시 오실 때가 점점 가까워오고 있기 때문이다.

이제 마지막 때를 살아가고 있는 우리에게 하시는 주님의 말씀에 귀를 기울이도록 하자.

> "그러므로 너희 마음의 허리를 동이고 정신을 차려 예수 그리스도께서 나타나실 때에 너희에게 가져오실 그 은혜로 인해 끝까지 소망을 가질지어다."(벧전1:13)
>
> "오직 모든 것의 끝이 가까이 왔으니 그러므로 너희는 정신을 차리고 깨어 기도하라."(벧전4:7)

3부 _ 뉴에이지 의학

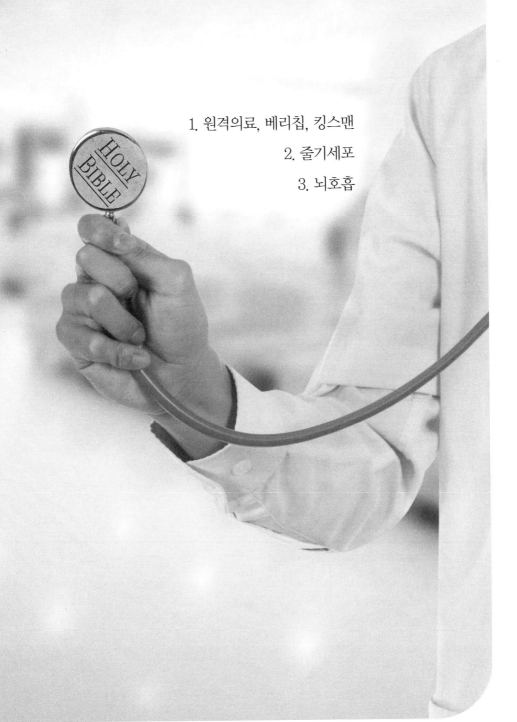

원격의료, 베리칩, 킹스맨

사상 처음으로 내과 전공의 지원자가 미달하는 사태가 벌어졌다. 대한병원협회가 공개한 '2015년도 전공의 모집현황 자료'를 보면 성형외과, 피부과 등 비급여 과목 선호도는 여전히 높은 반면 내과와 가정의학과는 정원 미달 사태를 보였다. 그 주된 이유는 원격의료가 본격적으로 시행될 경우 만성질환자를 주로 보게 되는 내과, 가정의학과의 위상이 하락하게 되리라 예측되었기 때문이었다.

필자가 삼십여 년 의사생활을 하면서 처음으로 접하는 이러한 현상은 마치 쓰나미가 오기 전 발생하는 전조증상 중의 하나와 같다고 여겨진다. 오비이락일 수도 있겠지만 내과 전공의 지원자 미달 사태가 발생한 두 달 뒤 보건복지부는 현재 의료취약지에서 시범적으로 운영하고 있는 원격의료 사업 대상을 2015년 말까지 140곳으로 확대한다고 발표하였다.

여기에는 농어촌 병원, 원양어선 선원, 거동이 불편한 고혈압·당뇨병 환자의 가정, 군 경계초소(GP), 교도소, 구치소 등이 포함되어 있기 때문에 정부가 시행하고자 하는 원격의료의 명분은 충분하고도 남음이 있다.

따라서 아무리 의료계가 여러 가지 부작용을 외치며 원격의료를 결사반대 하더라도 원격의료는 (시기가 언제냐 하는 문제는 남아 있지만) 시행되고야 말 것이다. 특히 우리나라는 IT 최강국이기 때문에 여론조성만 잘 되면 '미래 먹거리'라는 미명하에 놀라운 속도로 원격의료가 추진될 수 있을 것이다.

주지하다시피 '원격의료 시스템'이란 인터넷 망과 최첨단의 IT 기술을 이용한 획기적인 진료 시스템이다. 원격의료 시스템이 정착이 되면 지금 정부에서 시범적으로 하고 있는 원격의료 곧 환자의 건강을 실시간으로 체크하여 진단과 처방을 내리는 수준을 넘어 해외에 있는 환자들을 직접 수술하는 것까지도 가능하게 된다.

그런데 이런 원격의료 시스템 구축에 핵심이 되는 기술이 '베리칩' (verichip)이다. 이것은 '확인용 칩'(verification chip)의 약어로 미국의 어플라이드 디지털 솔루션사에서 지난 2001년에 공개한 상품명이다. '무선 송수신 식별장치' (RFID)를 내장한 쌀알 크기의 이 칩은 애완용 동물이나 가축들의 관리를 위한 전자 인식표로 사용되었는데 2004년 미국 식품의약국(FDA)이 인간의 몸속에도 심을 수 있도록 허가하였다.

그리고 2010년 3월 소위 '오바마케어' 로 불리는 미국의 '건강보험개혁법' 이 통과됨으로써 (건강보험제도를 강하게 추진하기 위한 방편으로) 모든 미국시민에게 베리칩을 이식할 수 있는 법적 기반이 마련이 되었다. 2013년까지 준비기간을 갖고 2016년까지 유예기간을 거쳐 2017년부터 강제로 실시한다고 한다. 이 때문에 성경대로 믿는 크리스천이 아니더라도 지각 있는 이들은 세계 정부가 일반인들을 감시하기 위해 '오바마케어' 를 통해 베리칩의 확산을 도모한다고 보고 있기도 하다.

그렇다면 베리칩이 인간의 몸속에 들어올 때 어떠한 문제들이 발생할 수 있을 것인가? 이에 대해서는 요즈음 장안의 화제인 영화 '킹스맨 : 시크릿 에이전트' 가 그 답을 잘 제시해주고 있다. 이 영화에서 생생하게 묘사되었듯이 사람의 호르몬 또는 신경전달물질을 자극해 폭력적으로 만들어 서로 살육하게 하는 등 사람의 생각과 육체를 지배하는 도구로 사용될 수 있는 것이 베리칩이다. '영화는 영화일 뿐이다.' 가 아니다. 킹스맨의 주요한 두 장면에서 주인공의 입을 빌려 '현실은 영화와 다르다.' 고 하였지만 그 뜻은 영화의 결말과 달리 현실에서는 베리칩을 통해 온 인류가 통제받게 된다는 것이다.

우리나라에서는 이미 애완견에 베리칩을 주입하고 있다. 베리칩의 전신일 수밖에 없는 스마트 워치도 어느덧 우리 삶의 일부가 되고 있다. 언젠가는 미국에서처럼 우리나라에서도 '원격의료 정착'과 'IoT(사물인터넷) 산업 발전'이라는 명분으로 베리칩 이식이 강행될 것이다. 아마도 송도 신도시가 세계적인 시범 지역이 될 거라는 얘기도 들린다.

모든 사람들의 몸속에 베리칩을 심어 사람들의 일거수일투족을 완벽하게 감시하고 통제하는 신세계질서(NWO; New World Order)는 바야흐로 우리의 목전에 와 있다. 그야말로 주님의 재림이 임박한 말세지말(末世之末)을 우리는 살아가고 있는 것이다(계13:16-18).

> "그가 모든 자 곧 작은 자나 큰 자나 부유한 자나 가난한 자나 자유로운 자나 매인 자에게 그들의 오른손 안에나 이마 안에 표를 받게 하고 그 표나 그 짐승의 이름이나 그의 이름의 수를 가진 자 외에는 아무도 사거나 팔지 못하게 하더라. 여기에 지혜가 있으니 지각이 있는 자는 그 짐승의 수를 세어 볼지니라. 그것은 어떤 사람의 수요, 그의 수는 육백육십육이니라." (계13:16-18)

줄기세포

1. 들머리

　최근 각종 예능 프로그램에서 주가를 높이고 있는 가수 윤종신씨가 2월 13일 방영된 '힐링캠프, 기쁘지 아니한가' 에 출연하여 희귀병인 크론병(Crohn disease)을 앓고 있다고 밝혔다. 그러자 이 난치성 질병으로 투병해왔던 윤씨 같은 환우들에게 희망적인 소식이라며 크론병 환자에게 생기는 누공(瘻孔)을 치료하는 줄기세포 치료제가 국내에서 최초로 개발돼 지난 달 식품의약품안전청의 제품 허가를 받았다는 뉴스가 언론에 대서특필이 되면서 다시 줄기세포가 스포트라이트를 받고 있다.

그래서 이제는 생명과학자가 아니더라도 이러한 기사를 접하는 많은 국민들이 줄기세포가 우리에게 '잘 먹고 잘 사는' 무병장수의 효과를 가져다 줄 수 있다는 믿음을 더욱 굳건히 가지게 될 것임은 명약관화하다고 하겠다.

물론 크론병 환우들을 직접 치료하는 필자도 환자의 지방조직에서 추출한 줄기세포를 배양해 만든, 세계 최초의 지방조직 유래 줄기세포 치료제이기도 한 이 약이 빨리 보험급여대상품목이 되어 많은 크론병 환우들의 치료에 도움이 되기를 바라는 마음을 갖는다.

그러나 이처럼 성체줄기세포를 이용하여 인간의 건강을 도모하는 것과 달리 (이미 몇 해 전 우리가 황우석 사태를 통해 경험한 바가 있었지만 그럼에도 불구하고) 인간배아줄기세포를 이용하여 질병을 퇴치하고 건강을 증진시키려는 시도가 끊임없이 이뤄지고 있는 것이 작금의 상황이다.

따라서 줄기세포의 바람이 더욱 세차게 불어오고 있는 이 시대에 성경적 관점에서 인간배아줄기세포에 대한 고찰을 하여 시대의 영적 좌표를 재확인하는 것이 필요하리라 여겨진다.

2. 생명

정자와 난자의 수정을 통해서만 생명체가 탄생할 수 있다는 오랜 철칙은 생명복제를 통한 동물들의 탄생으로 무너져버렸다. 그리고 인간배아줄기세포가 생명공학의 최첨단 아이템으로 각광을 받으면서 고전적이고 상식적인 인간론은 점차 설 자리를 잃게 되었다.

그러나 성경에서는 인격적인 생명체로서의 인간을 다음과 같이 규정하고 있다.

첫째, 인간은 하나님의 특별한 피조물(創造物)로 지음을 받았다(창 1:27).

> "이처럼 하나님께서 자신의 형상으로 사람을 창조하시되 하나님의 형상으로 그를 창조하시고 그들을 남성과 여성으로 창조하시니라." (창1:27)

둘째, 인간 생명의 시작은 수태(conception, 의학적으로는 수정) 시점이며, 따라서 배아 역시 보호받아야 할 존엄한 생명이다(렘1:5; 시51:5; 사43:1; 갈1:15).

> "내가 너를 배 속에 짓기 전에 너를 알았고 네가 모태에서 나오기 전에 너를 거룩히 구별하였으며 너를 민족들을 향한 대언자로 세웠노라, 하시기에"(렘1:5)
>
> "보소서, 내가 불법 가운데서 형성되었으며 내 어머니가 죄 가운데서 나를 수태하였나이다."(시51:5)
>
> "그러나, 오 야곱아, 너를 창조한 주가 이제 이같이 말하노라. 오 이스라엘아, 너를 지은 이가 말하노라. 두려워하지 말라. 내가 너를 구

> 속하고 내가 너를 네 이름으로 불렀나니 너는 내 것이니라."(사43:1)
>
> "그러나 내 어머니의 태에서부터 나를 구별하시고 자신의 은혜로 나를 부르신 하나님께서"(갈1:15)

그렇다. 우리는 14일 이내의 세포 덩어리라 할지라도 하나님께 속한 것이지, 인간에게 속한 게 아니라는 것을 확실히 해야 한다.

셋째, 어머니 배 속에 있는 (태어나기 전의) 태아도 한 인격체이다(눅 1:41; 출21:22).

> "엘리사벳이 마리아의 문안을 들을 때에 아기가 그녀의 태 속에서 뒤노나라. 엘리사벳이 성령님으로 충만하여"(눅1:41)
>
> "사람들이 싸우다가 아이를 밴 여인을 다치게 하여 그녀의 열매가 그녀에게서 나왔는데 다른 손해가 없으면 그는 그 여인의 남편이 요구하는 대로 반드시 형벌을 받되 재판관들이 결정하는 대로 지불할지니라."(출21:22)

3. 범죄

이러한 하나님의 말씀으로 인해 역사상 신실하고 이성적인 그리스도인들은 한결같이 생물학적 삶이 시작되는 수정의 시점부터 우주의 그 어느 것도 대신할 수 없는 고귀한 한 인격체가 존재함을 굳건히 믿어왔던 것이다.

따라서 실험을 위해 인간배아에서 세포를 제거하는 것이나 치료라는 미명하에 줄기세포를 얻기 위해 배아세포를 복제하는 행위들은 성경적으로 결코 용납될 수 없는 살인 행위인 것이다(출20:13; 마19:18; 롬 13:9).

> "너는 살인하지 말라."(출20:13)

아울러 수정 후 14일 이내의 배아를 단순히 하나의 세포 덩어리로 간주하며 배아줄기세포 연구를 감행하고 있는 일부 과학자들과 이를 옹호하고 있는 사회는 (살인을 통해) 다른 사람의 소유인 줄기세포를 획득하려 하는데 이것 또한 성경에서는 금하고 있는 사항이다(출20:17).

> "너는 네 이웃의 집을 탐내지 말라. 너는 네 이웃의 아내나 그의 남종이나 그의 여종이나 그의 소나 그의 나귀나 네 이웃의 소유 중 아무것도 탐내지 말라."(출20:17)

배아줄기세포는 우리의 '이웃'에 속한다. 그러므로 줄기세포를 얻기 위해 배아를 죽이는 것도 그렇지만 배아줄기세포를 탐내는 것 자체도 명백히 하나님의 말씀에 위배되는 것이다.

그런데 하나님의 말씀을 거스르지 않으면서도 줄기세포를 얻을 수 있는 성체줄기세포란 방법이 있음에도 불구하고, 왜 굳이 배아줄기세포를 이용하려고 하는 이들이 있는 것일까? 여기에는 진화론적 과학관과 인본주의란 인간의 교만이 혼재되어 있음을 지적하지 않을 수 없다.

4. 진화론

진화론적 관점에서는 인간배아줄기세포란 그저 박테리아나 아메바로부터 오래 전에 진화된 세포 덩어리로만 여겨진다. 그래서 인간배아줄기세포를 아무렇게나 조작하여도 무방하다고 생각하는 것이다.

인간의 진화론적 세계관(evolutionary worldview)이 과학적 연구들을 지배하고 있는 한, 인간의 생명에 대한 경시는 더욱더 당연시될 것이며, 창조주 하나님의 존재는 수많은 사람들의 기억 속에서 사라져 갈 것이다(눅18:8하).

> "그럼에도 불구하고 사람의 아들이 올 때에 땅에서 믿음을 찾아보겠느냐? 하시니라."(눅18:8하)

그러나 그럼에도 불구하고 모든 거듭난 그리스도인들은 주님께서 다시 오실 때까지 우리를 창조하셨기에 우리를 심판하시며 또한 구원해주실 수 있는 예수님을 올바로 선포하는 삶을 살아야 할 것이다(골1:15-17).

> "그분께서는 보이지 아니하는 하나님의 형상이시요 모든 창조물의 처음 난 자이시니 이는 그분에 의해 모든 것이 창조되었기 때문이

라. 하늘에 있는 것들과 땅에 있는 것들, 보이는 것들과 보이지 아니하는 것들 곧 왕좌들이나 통치들이나 정사들이나 권능들이나 모든 것이 그분에 의해 창조되고 그분을 위하여 창조되었노라. 또한 그분께서는 모든 것보다 먼저 계시고 모든 것은 그분으로 말미암아 존재하느니라."(골1:15-17)

그리고 성체줄기세포를 이용하면 쉽게 해결될 수 있는데도 인간배아줄기세포를 군이 이용하려는 것은 '생명의 탄생' 프로그램도 '인간에 의해' 조작이 가능함을 보여주고자 하는 데 그 목적이 있다. 즉 창조주의 영역에 도전하여 생명을 좌지우지하고자 하는 인간의 교만(人本主義)도 큰 몫을 하고 있는 것이다.

5. 인본주의

역사적으로 볼 때 인간들은 하나님의 방법에 의해 영원한 생명을 얻으려 하지 않고 자신들의 방법으로 영생을 끊임없이 추구해 왔다. 곧 복음(gospel, 天乃人)이 아니라 종교(religion, 人乃天)를 통해 '결코 죽지 않으려는' 시도를 행해 왔다(창3:4; 갈1:11-14).

오늘날 기독교와 유대교를 제외한 모든 종교의 기원이 되고 있는 바빌론(Babylon)에서 바벨탑을 세우게 된 과정을 보면 확실히 이 인내천(人乃天)의 인본주의(humanism)는 하나님의 방법과는 정반대였음을 알 수 있다.

즉 노아의 홍수 후 사람들이 동쪽에서부터 이동하다가 시날 땅에 있는 평야를 만나 거기에 거하게 되자 "다산하고 번성하여 땅을 채우라"고 하신 하나님의 말씀에 불순종하면서 온 지면에 널리 흩어짐을 면하려고 바벨이라는 도시와 탑을 세우게 되었다(창1:28; 9:1; 11:2,4,9). 아울러 사람들은 하나님께서 창조하신 돌 대신 그들의 진보된 기술로 만든 벽돌로써 도시와 탑을 세워 하나님의 영광이 아니라 자신들의 이름을 내고자 하였다(창11:3,4; 고전10:31).

그런데 이러한 바빌론의 방법론은 언어가 혼잡하게 되어 사람들이 온 땅에 흩어지면서 함께 세계 곳곳으로 퍼져나가게 되었다(창11:8,9; 행17:26). 그리하여 '하나님의 신격'(Godhead)이 '사람의 기술이나 고안'(art and man's device)으로 만들어질 수 있다는 의식이 하나님을 떠난 모든 인류에게 팽배해지게 되었다(행17:29).

그리고 21세기 생명공학의 디지털 시대를 맞아 이러한 인본주의의 종교적 방법론은 질병 치료용(therapeutic cloning)이라는 미명하에 배아줄기세포를 채취하는 것을 당연하게 여기게 되었고 급기야는 이를 통해 '인간(배아) 복제'를 이루어 '결코 죽지 않으려는' 시도를 계속하고 있는 것이다(창3:4).

6. 인간 복제

그런데 인간 복제란 영(靈), 혼(魂), 육(肉)으로 구성된 인간에서 단순히 육(肉)만을 복제한다고 하는 개념이 아니다(살전5:23; 히4:12). 이것은 너무나도 '종교적' 이며 '영적' 인 문제이다.

특히 같은 생명 복제이면서도 동물의 복제와 인간의 복제가 같을 수 없음은, 즉 인간 복제가 영(靈)적인 문제임은 주님께서 욥(Job)의 나중을 처음보다 더 복되게 하신 구체적 내용들에서 잘 알 수가 있다. 욥기 42장을 보면 주님께서 욥의 포로된 것을 돌이키시고 욥이 이전에 소유했던 것의 '두 배를 주셨다' (duplicate)고 기록되어 있는데 양은 칠천에서 만 사천 마리로, 낙타는 삼천에서 육천 마리로, 소는 오백에서 천 겨리로, 암나귀는 오백에서 천 마리로 정확히 두 배가 되었지만 아들은 일곱, 딸은 셋으로 이전과 똑같은 수였다(욥1:2,3; 42:10,12,13).

즉 동물은 영혼(soul)이 없기 때문에 육(肉)이 죽으면 끝이지만 인간은 영혼(soul)을 소유한 존재이므로 욥의 고난 중 육(肉)이 죽었던 자녀들은 그 혼(魂, soul)이 살아서 낙원(paradise)에 있었기에 하나님께서는 욥에게 고난 후에 이전과 같은 수의 자녀를 주심으로써 자녀 수에 있어서도 완벽하게 '두 배' (duplicate)의 복을 베풀어 주셨던 것이다.

그렇다. (생물학적 측면에서 완전한 인간일 수 있는) 인간 복제는 복제양 돌리의 경우처럼 결코 단순히 육(肉)만의 복제로 그칠 수 없다. 왜냐하면 영혼(soul)과 육체를 나눌 수 없는 '전인적 존재' (holistic person) 곧 '영혼과 몸이 같이 있는 단일체' (psychosomatic unity)로서 인간이 복제되는 것이므로 복제의 대상이 된 세포를 공여(供與)한 사람의 혼(魂, soul)과는 또 다른 혼(魂, soul)이 복제된 육(肉)에 함께 내재될 수 있기 때문이다.

그렇다면 인간 복제가 이루어질 때 하나님께서는 그저 '인간의 기술과 고안'(art and man's device)에 이끌려 복제된 인간의 육(肉)에다 영혼(soul)을 허락하실 수밖에 없게 되는 것일까?

7. 심판

앞으로 곧 다가올 단일세계정부(One World Government) 하에서 '인간 복제'와 같은 바이오산업은 정부의 엄격한 통제를 받게 될 것이다. 그래서 궁극적으로 적그리스도는 게놈프로젝트 등을 통해 밝혀진 인간의 '유전 정보'(image)를 조작한 후 여기에 '생명'(life)을 부여하는 인간 복제 기술을 적용시켜 마치 전능자로서 사람들로부터 경배를 받고자 할 것이다(계13:15).

> "또 그가 그 짐승의 형상(image)에게 생명(life)을 줄 권능이 있어 그 짐승의 형상으로 하여금 말도 하게 하고 그 짐승의 형상에게 경배하고자 하지 아니하는 자들은 다 죽이게도 하더라."(계13:15)

그러나 주 예수님께서는 역사상 전무후무한 심판이 곧바로 이 세상에 임할 것을 말씀하신다.

> "이는 그 때에 큰 환난(great tribulation)이 있을 것임이니 세상이 시작된 이래로 이때까지 이런 환난이 없었고 이후에도 없으리라. 주께서 그 날들을 짧게 하지 아니하시면 어떤 육체도 구원을 받지 못할 것이로되 택하신 자들을 위하여 그 날들을 짧게 하시리라."(마24:21, 22)

주 예수님께서 '인간 복제'와 같은 악(惡)을 행하는 자들을 자신의 임재 가운데서 영존하는 파멸로 징벌하시기 위해 다시 오실 터인데 우리는 바로 그때가 임박했음을 성경에 제시된 여러 표적들이 확연히 드러나고 있는 세태들을 보면서도 깨닫게 된다(살후1:7-9; 마13:39-43; 단12:4; 나2:3,4; 마24:7,12; 딤전4:1-4; 딤후3:1-5; 약5:3; 벧후3:3,4).

그런데 대환난 기간 중 심지어는 5개월 동안 메뚜기에 의해 고통을 받더라도 사람은 죽지 않는다(계9:3-6). 아마도 역설적으로 인간 복제 기술과 같은 바이오테크놀로지의 결과로 인해서겠지만 견디기 어려운 고통의 연속 속에서 차라리 죽음을 갈망한다 해도 죽을 수 없는 상황이 초래되는 것이다. 죽음이 멈춰진 때보다 최악의 고통의 시대가 또 있을까? 이것은 마치 죄인들이 지옥에서 영원한 고통을 받고 있는 것과 마찬가지인 상태일 것이다.

8. 마무리

구원받지 못한 모든 인간들에게 있어서 지고(至高)의 선(善)은 어떤 분야에서건 그들이 부인하는 하나님의 영역에 도전하는 일일 것이다. 특히 창조의 클라이맥스로 하나님께서 만드셨던 인간에게 생사여탈권을 행사하며 인간을 복제까지도 하려는 것은 그 어떤 것보다도 매력적인 아이템이 될 것이다.

그러나 설혹 인간을 복제하였다 하더라도 그것은 이미 존재하는 물질(세포)로부터 만들어진 간접적인 창조(mediate creation; 요2:1-11; 요

6:5-14; 요9:1-41; 막7:31-37; 요5:1-9; 시51:10,17)에 불과할 뿐이다. 인간 복제는 삼위일체 하나님께서 하늘과 땅과 인간을 '무(無)에서' (ex nihilo; out of nothing) 만들어내신 직접적인 창조(immediate creation; 창1:1; 요1:1,3; 골1:16; 창1:2)에는 결코 비견될 수 없는 이야기이다.

우리는 하나님의 뜻에 반하여 행해지는 '인간의, 인간에 의한, 인간을 위한' 모든 행위들이 궁극적으로 심판으로 이어짐을 인류 역사의 태동에서부터 계속 확인할 수 있다(창3:6,19; 11:4-9).

따라서 이제 배아줄기세포를 이용하여 창조자 하나님의 영역에 도전하는 생명공학의 결국이 어떠할 것인지 우리는 확실히 알 수가 있는 것이다.

> "우리가 전체 일의 결론을 들을지니 하나님을 두려워하고 그분의 명령들을 지킬지어다. 그 까닭은 이것이 사람의 온전한 의무이기 때문이니 이는 하나님께서 모든 은밀한 일과 더불어 선한 일이든 악한 일이든 모든 일을 심판하실 것임이라."(전12:13,14)
>
> "보라, 심판자께서 문 앞에 서 계시느니라."(약5:9하)

뇌호흡

1. 들머리

뇌호흡에 관심을 갖는 사람들이 날로 늘어나고 있다. '신동아' 2010년 1월호에 원고지 250매 분량으로 심층분석된 〈대해부 단월드〉 기사나 2010년 3월 6일 방영된 SBS '그것이 알고 싶다' 〈단요가 스캔들 - 진실인가, 모함인가?〉 등을 통해 뇌호흡을 가르치고 있는 단월드의 여러 문제들이 제법 알려지긴 하였지만 그럼에도 불구하고 뇌호흡의 열기는 식을 줄 모르고 있다.

"첫째, 두뇌가 개발됩니다. 창의적인 아이디어와 영감이 풍부해집니다. 집중력, 기억력 등의 학습능력이 향상됩니다. 정보처리 능력이 월등히 높아져 직관력과 결단력이 생깁니다. 초감각 인지능력, 치유능력 등의 잠재능력이 개발됩니다.

둘째, 섬세한 감각이 회복되어 풍요로운 감성을 갖게 됩니다. 다른 사람의 느낌이나 감정을 이해하는 능력이 깊어져 대인관계가 개선됩니다. 뇌파가 안정되어 성격이 차분해집니다. 감정을 조절하는 힘이 향상되고, 사랑이 풍부해져 조화로운 리더십을 갖게 됩니다.

셋째, 호르몬 분비가 조절되고, 몸의 전체적인 기능이 향상되어 건강과 성장발육 상태가 좋아집니다. 고혈압, 당뇨, 중풍, 간장질환 등 성인병이 예방됩니다. 두통, 우울증, 노이로제, 비만, 스트레스 등 심인성 질환이 해소됩니다. 노화에 의한 치매가 예방됩니다."

이상의 내용은 '평화적, 생산적, 창조적인 파워브레인을 만든다.'는 슬로건 하에 단월드에서 공식적으로 주장하는 뇌호흡의 효과들이다. 그러나 수년 전 방송위원회가 '의학적·과학적 근거가 없다'고 결정해 공공장소인 지하철 등의 관련 광고를 철거했음에도 불구하고 아직도 수많은 사람들이 뇌호흡을 수행하고 있다. 특히 단월드 회원 중 기독교인이 31%라는 통계가 말해주듯 기독교인들조차 뇌호흡을 하나의 과학적 건강법으로 받아들이고 있는 게 현실이다.

따라서 이 글에서는 뇌호흡의 실체가 무엇이며 어떠한 영적인 문제점들이 내재되어 있는지 살펴보고자 한다.

2. 이승헌(Ilchi Lee)

먼저 뇌호흡의 창시자이며 단월드의 설립자인 이승헌 씨가 어떠한 인물인지 네이버 지식사전과 위키백과를 통해 알아보도록 하자.

〈이승헌은 초등학교 2학년 때 어머니를 돕다가 '누구나 어려움에 빠지거나 큰 사랑의 마음을 내었을 때 흔히 경험할 수 있는 소위 「기(氣) 체험」을 했는데 이것이 그가 '단학' (丹學)에 빠지는 계기가 되었다고 한다.

1985년 '홍익인간 이화세계' 의 전파를 설립 목적으로 내세우며 서울에 처음으로 '단학선원' 을 설립하였는데, 현재 단학선원은 국내에 300여 개소가, 미국 · 캐나다 · 영국 · 일본 · 브라질 등지에 100여 개소가 있다. 그가 단학 보급을 위해 만든 비영리단체 '타오 펠로십' 도 미국에서 활동 중이다.

1991년 미국에 간 그는 필라델피아에 단(丹)센터를 설립한 것을 시작으로 본격적으로 단학의 해외진출에 힘썼다.

1999년에는 「제1회 세계정신지도자와 석학과의 만남」을 개최하고 2000년에는 '새천년 평화재단' (NMPF)을 설립하여 총재직에 올랐다. 같은 해 8월에는 유엔이 개최한 「밀레니엄 종교 및 영성 세계평화정상회의」에 아시아 및 한국 대표로 참석하여 대표 기도를 하기도 했다.

2001년 '힐링 소사이어티' (Healing Society-A Prescription for Global Enlightenment)란 저서를 출간하여 발간 한 달 만에 인터넷 서점인 아마

존에서 베스트셀러 1위에 올라섰다. 그는 이 책에서 "진정한 '나'는 우리 내면에 있는 순수한 영혼의 불꽃, 바로 '신성'(神性)이다."며 "모든 인간의 참 의미와 삶의 참 목적은 이 신성을 깨닫는 데 있다."고 강조한다.

그러나 그의 단군숭배운동과 전국 초등학교 단군상 건립운동은 국내 일부 기독교 교파의 반대에 부딪히기도 했으며, 단학의 종교화에 대한 우려도 일고 있다. 또한 단학에 심취했던 시인 김지하가 이승헌의 단학선원의 정체성을 비판하기도 했다.

1993년 6월 3일 이승헌은 보건범죄 단속에 관한 특별 조치법 위반, 교육법 위반, 음란공연 혐의로 구속되었다. 무허가로 정충단, 천화죽염, 죽염수 등을 제조 및 판매하여 2억여 원의 부당이득을 취하였다. 통신대학을 무인가로 설립하였으며, 수강생 500여 명으로부터 수업료, 등록금 명목으로 1억 4천만 원을 받았다. 옥문수련이라는 명목으로 성추행을 자행하였다. 징역 2년 6개월에 집행유예 3년 벌금 1억 5천만 원을 선고받았다.

2002년 단월드 지도자인 박선희 씨는 이승헌을 성폭행, 불법 운영 등의 혐의로 고소하였고, 단월드 측에서 원고 측에 피해보상을 함으로써 합의되었다.

또한 2003년에는 미국에서 줄리아 시벌스라는 단학 수련생이 돌주머니를 지고 섭씨 32도 이상의 고온에서 산악훈련을 하다가 탈진으로 사망한 사례가 있었다. 이 사건은 당시 미국 매스컴에 보도되었고, 단학 센터는 사이비 단체가 아니냐는 의혹을 받게 되었다.

2009년 5월 말에 26명의 전(前) 회원들과 마스터들이 이승헌과 단월드를 고소했다. 부당한 위압, 세뇌, 불평등 급여부터 RICO 법 위반과 성폭행까지를 포함한다. 보스턴의 WBZ 채널 4 뉴스는 이 중에 두 명을 2009년 6월 11일에 인터뷰했다.

단월드 및 브레인 HSP에서는 기(氣) 상품으로 금이 주성분이라며 오금거북이, 오금 파워카드 등을 수십만 원에서 수백만 원에 판매하였다. 그러나 성분 분석결과 인체에 유해한 납 성분이 63.78%에 이르렀다.

주류 의학계에서는 뇌교육과 관련된 이승헌의 주장들이 받아들여지지 않고 있다. 이승헌은 University of California at Irvine에서 뇌호흡을 통한 투시 시범을 보이려 하였으나 실패하였다. University of California at Irvine의 교수인 브라이언 커밍스 등은 뇌호흡 및 뇌교육은 사이비 과학을 넘어 일종의 종교라고 비판한다.〉

3. 단월드(Dahn World)

아울러 신동아가 보도한 단월드에 대한 기사 중 선불교, 일지문중, BR 그룹 등에 대해 요약을 해보면 다음과 같다.

〈단월드의 자회사격인 선불교에서는 '천광인제'와 '신명의례'라는 대표적 제의식이 있는데 이것을 치르기 위해서는 각각 5천만 원과 1억 원을 내야 한다. 특히 신명의례를 지내야만 선불교를 이끄는 핵심조직인 '신명군단'이 될 자격을 획득한다고 한다.

선불교는 이외에도 다양한 형태의 천도재(薦度齋)를 운영하고 있는데 조상 한 명당 5십만 원씩 받고 올리는 천도재의 경우 가장 작은 단위가 5백만 원이고 사정이 여의치 않으면 3백만 원을 최소단위로 재를 올리기도 한다. 선불교 신자라면 거의 의무적으로 구매해야 하는 가정신표도 있는데 특히 사업을 위한 사업장신표는 가격이 무려 1천5백만 원에 이른다고 한다.

단월드에서 '스승과 제자'의 관계를 보여주는 또 하나의 핵심 키워드가 이승헌을 영혼의 스승으로 모신다는 '일지문중'(一指는 이승헌의 호)이다. 즉 스승인 이승헌 대선사가 원리의 실체이며 영적인 부모로서 스승은 평가의 대상이나 분별의 대상이 아니고 스승과 제자 사이에는 오로지 절대적인 믿음과 순종만이 있다고 하는 것이다.

그래서 '일지문중의 제자는 일지문중의 명예를 목숨보다도 더 소중하게 여긴다', '일지문중의 제자는 삶의 목적을 성통공완에 두며 이상인간 한세계 구현에 신명을 바친다', '일지문중의 제자는 문중의 명을 하늘의 뜻으로 알아 생사를 초월하여 실행한다', '일지문중의 제자는 한번 입문하면 영원한 제자다' 등의 법을 따라야 한다.

단월드에서 통칭되고 있는 'BR 그룹'에는 전 세계에 걸쳐 수십 개의 기업들과 시민단체 및 교육기관 등이 포함되어 있다. 국내 계열사 중에는 출판사 한문화 멀티미디어, NGO 사단법인 국학원, 홍익문화운동연합 등을 비롯하여 단태권도, 단무도, 전국단학기공연합회, 국제뇌교육종합대학원대학교 등이 포진해 있으며 또 HSP 라이프, HSP 컨설팅, HSP 센터 등 'HSP' 간판을 단 여러 계열사도 있다.

단월드와 단월드 계열사들에게서 나오는 수익 중 거액이 로열티 명목으로 이승헌과 그의 가족이 대주주로 있는 미국의 BR 컨설팅으로 유입되고 있다. "단월드가 미국에서만 1년에 3천4백만 달러를 벌어들인다."는 포브스의 보도와 관련 미국에서만도 매년 6백8십만 달러 이상이 BR 컨설팅 로열티로 지불되고 있을 것이라고 한다.〉

4. 힐링 소사이어티(Healing Society)

뇌호흡의 창시자 이승헌 씨가 저술한 많은 책들 가운데 이승헌 씨의 사상과 영적 상태를 가장 잘 확인할 수 있는 것이 '힐링 소사이어티' 이다. 곳곳이 병들어 희망이 보이지 않는 우리 사회를 치유할 수 있다며 그 놀라운 치유의 방법을 제시하고 있는 이 책은 인터넷서점 아마존에서 '해리 포터' 시리즈를 제치고 베스트셀러 1위를 차지하기도 했었다.

'힐링 소사이어티' 가 1위 자리를 지킨 것은 며칠에 불과했지만 미국 독자들이 이 책에 준 점수는 최고 평점인 별 다섯 개였으며 아마존 편집진도 102쪽에 불과한 이 짧은 책에 대해 "지극히 현실적이며 통쾌할 정도로 정직하게 쓴, 짧지만 대단한 작품" 이라고 찬사를 보냈다.

이러한 미국인들의 놀라운 평가에 대해 저자인 이승헌 씨는 다음과 같이 그 이유를 설명하고 있다.

"서구사회는 '솔 러시' (Soul Rush)라고 할 만큼 영적 탐구에 몰두하고 있습니다. 지금 미국에서 영적인 스승이라 불리며 활동하는 이들만 해도 수천 명이 넘습니다. 그런데 동양의 지혜와 문화는 중국이나 인도, 일본에서 오는 것이라고 알았던 미국인들 앞에 어느 날 갑자기 한국 사람이 나타나 명쾌하게 깨달음을 이야기하니까 놀란 것이지요. 아무리 명상을 해도 깨달음은 만져지지도 않고 느껴지지도 않아 답답해하던 차에 깨달음은 그리 특별한 성취가 아니다, 깨달음은 추구하는 데 의미가 있는 것이 아니라 실천하는 데 의미가 있다, 혼자서 명상만 하지 말고 치유(Healing)를 하자는 말을 하니까 미국사람들의 반응이 대단하더군요. 이 세상에서 잘 살기 위한 도구로서 깨달음이 의미가 있는 것이지 이 세상에서 도움이 안 된다면 깨달음이 무슨 의미가 있겠습니까. 죽을 때나 필요하다면…. 중요한 것은 당장 살면서 필요하고 현재의 문제점을 해결하는 데 도움이 되는 것이죠."

"'힐링 소사이어티'라는 제목이 무슨 의미인지 묻는 사람들이 많은데, 그것은 우리의 문화유산인 '홍익인간'(弘益人間) '이화세계'(理化世界)를 영어로 옮겨놓은 말에 불과해요. 우리가 깨닫기 위해 노력하는 것은 바른 삶을 살기 위한 것이고, 깨닫고 나면 제대로 선택할 수 있습니다. 세상을 힐링할 것인지 킬링할 것인지의 선택입니다. 나 자신의 힐링도 중요하지만 사회를 힐링하는 게 바로 홍익 아닙니까."

그렇다면 온 세계인을 열광시키고 있는 이승헌 씨의 '힐링 소사이어티'란 방법론 곧 '뇌호흡'에 의해 우리 사회가 진정으로 치유될 수 있을 것인지, 또 그 이면에 숨겨진 메시지와 이 시대적 표적이 갖는 의미는 무엇인지 성경적 관점에서 살펴보도록 하자.

5. 깨달음(Enlightenment)

'힐링 소사이어티'에서 이승헌 씨는 다음과 같이 이야기한다.

"(지구 곳곳에 있는) 어둠의 기운을 걷어내기 위해서는 '깨달음에 이른 사회'(Enlightened Society)가 절실하게 필요하다. 물론 이런 사회는 한두 사람의 깨달음만으로는 결코 이루어지지 않는다. 깨달음이 전 세계적이고도 보편적인 삶의 방식이 될 때라야 가능하다. 다시 말해 인류 대다수가 집단적인 깨달음에 이르러 우리의 행동과 문화가 실질적으로 달라질 때만 얻을 수 있는 세계이다. 깨달음이 이 세상을 휩쓰는 사회운동이 되어야 하는 이유가 바로 여기에 있다. 그렇다면 깨달음이란 무엇인가? 깨달음이란 '진정한 나'를 찾는 것이다. 고치를 뚫고 아름다운 나비가 탄생하듯 모든 사람의 내면에는 아름답고 신성한 본성이 있다."

"우리는 왜 깨달아야 하는가? 우리 가슴 안에 있는 참사랑을 회복하기 위해서이다."

"우리 몸속에 예수의 피, 부처의 피, 그리고 다른 고귀한 예언자와 성인의 피가 흐르고 있다는 것을 믿을 때, 우리는 자신이 선한 존재가 될 수 있다는 가능성을 받아들일 수 있다. … 당신에게는 몸과 마음보다 더 높은 신성이라는 존재가 있다. 그것이 바로 당신의 참된 자아이다. … 인류 역사를 통틀어 깨달음에 이른 사람은 많았다. 예수와 부처, 마호메트, 이름을 남기지 않은 수천 명의 성인과 현인들, 그리고 선견지명이 있는 예언자들 모두가 우리가 하나라는 진리를 깨달은 자들이다."

6. 복음(Gospel)

그러나 하나님의 관점에서 보면 우리 모두는 선한 존재가 아니라 죄인일 뿐이다(롬3:10,23). 아담의 타락 이후 아담의 후손들은 죄로 부패된 아담의 형상을 따라 사망에 이를 수밖에 없는 육체를 지니고 태어나게 되었다(창5:3). 그러므로 한 사람으로 말미암아 죄가 세상에 들어오고 죄로 말미암아 사망이 들어 왔으며 또 이와 같이 모든 사람이 죄를 범하였으므로 사망이 모든 사람에게 임하게 되었다(롬5:12; 계20:14; 21:8).

그러자 하나님께서는 곧바로 인간을 구원해 주시기 위해 '한 구원자'를 보내주실 것을 약속하셨다(창3:15). 가인이 태어나기도 전에 선포된 '원형복음' 곧 여자의 씨(the woman' s seed)를 구원자로 보내주신다고 하는 하나님의 말씀은 이후에도 계속 대언자들을 통해 선포되었고 마침내 예수님께서 오심으로 그 약속의 말씀은 성취되었다(마5:17). 자기 백성을 죄에서 구원하기 위해 오신 예수님은 갈보리 십자가에서 우리의 모든 죄를 깨끗하게 할 수 있는 무죄(無罪)한 피를 흘려 돌아가셨다(마 1:21; 27:4; 눅23:33,46; 요19:34; 요일1:7). 그리고 정확히 삼일 만에 예수님께서는 사망의 권세를 이기시고 부활하셨다(눅24:1-12).

따라서 그리스도 예수님 안에만 있게 되면 누구든지 부활하여 영생의 복을 받게 된다(고전15:12-22). 다시 말해 자신의 입으로 예수님을 구주로 시인하고 하나님께서 그분을 죽은 자들로부터 일으키신 것을 마음속으로 믿으면 구원을 받게 되는 것이다(롬10:9).

즉 진정한 깨달음(得道, enlightenment)이란 이 복음(Gospel)을 듣고 참 길(道, the Way)이시며 빛(the Light)되신 예수님을 개인의 인격적인 구원자로 영접하여 지옥·불못으로부터 구원을 받는 것이다(요14:6; 사35:8; 요1:4,5,7; 8:12; 9:5; 12:36; 고후4:4,6; 요일1:5; 계21:23,24).

예수님께서 말씀하신다.

> "내가 곧 길(道, the Way)이요 진리(眞理, the Truth)요 생명(生命, the Life)이니 나로 말미암지 않고는 아버지께로 올 자가 없느니라." (요14:6)

7. 뇌호흡(Brain Respiration)

그런데 이승헌 씨는 깨달음에 이르는 방법에 대해 다음과 같이 소개하고 있다.

"깨달음은 우리의 뇌를 이용해 도달할 수 있는 생리적인 현상이다. 일상생활에 충실하면서도 과학적이고 실천적인 단계를 꾸준히 밟아간다면 누구나 깨달음에 이를 수 있다."

"뇌호흡은 이완과 명상을 통해 몸 전체에 흐르는 기를 느끼고 우리 몸에서 가장 강력한 에너지 저장고인 뇌 속을 자극하는 두뇌혁명이다. 그럼으로써 무한한 잠재력을 담고 있는 자신의 뇌를 깨어나게 하는 방법이다. 진정한 합일의 경험을 원하는 사람은 그냥 말로만 소망하지 말고 자신의 뇌를 활용하는 방법을 배워야 한다."

"당신은 셀 수 없을 정도로 많은 정보의 조각들이 모여서 이루어진 정보의 조합물이다. … 뇌호흡은 정보의 선택과 처리 과정을 더욱 효율적으로 하기 위해 창안한 프로그램이다. 뇌호흡을 통해 경험적인 정보를 판단하고 선택하면, 정보에 지배당하는 것이 아니라 정보를 활용하는 주인 노릇을 할 수 있다. … 뇌호흡의 궁극적인 목표는 의식의 각성을 통해 자신의 영혼을 성장시키는 것이다."

즉 '힐링 소사이어티'를 이루기 위한 깨달음의 핵심적 방법으로 제시된 것이 바로 '뇌호흡'이다. 이승헌 씨는 "뇌호흡을 개발한 것도 깨달음에 덧입혀진 신비주의적인 환상을 벗겨내고 과학적이고 체계적인 방법으로 깨달음을 함께 나누기 위해서였다."고 하면서 "뇌호흡을 통해 누구든지 깨달을 수 있으며 그 깨달음을 일상 속에서 실천할 수 있다."고 주장한다.

아울러 그는 신경생리학적으로 보면 뇌의 3층 구조(신피질, 구피질, 뇌간)를 재통합해서 그 기능을 마음껏 활용하는 상태가 적절한 훈련(뇌호흡)을 통해 누구에게나 이뤄질 수 있다고 말한다. 그래서 그는 뇌간에 잠재된 능력을 끌어낼 수만 있다면 초인적인 힘이나 기적적인 치유를 경험하게 된다고 하면서 동시에 다음과 같은 놀라운 언급을 하고 있다.

"뇌간과 만날 수만 있다면 그것이 정녕 창조주와의 만남이다. 뇌호흡은 바로 이 뇌간에 있는 창조주와의 만남을 가능케 한다. 이렇게 엄청난 잠재력을 지닌 뇌간을 개개인의 의식의 성장을 위해 그리고 인류의 더 나은 미래를 위해 쓸 수 있다면 인류 전체의식에 비약적인 진보를 가져오게 될 것이다."

8. 모든 것을 보게 되는 눈(All-Seeing Eye)

그 간 뇌호흡에 대해 국내 매스컴에서 많은 보도가 있어 왔는데 그 중 한국기공사(氣功師)연합회가 주최한 심포지엄에서 뇌호흡 훈련을 받은 초등학생 3명이 눈을 완전히 가리고도 책을 읽어 보이는 능력을 시범해 보였다는 뉴스가 텔레비전과 일간지 등을 통해 대대적으로 보도된 적이 있었다. 세 어린이들은 기공관계자들과 뇌연구 학자들, 언론사 보도진들이 참석한 가운데 열린 시범에서 두꺼운 종이카드 뒷면에 그려진 숫자나 도면 알아맞히기, 눈가리고 책읽기 등을 해보였다고 하며 시범이 끝난 뒤 기자들이 재차 확인을 위해 건네준 과학잡지 등의 글도 쉽게 읽어버리는 놀라운 모습을 보였다고 한다.

이 사건이 사실일진대 공부해야 하는 학생들에게는 물론 자녀가 공부 잘하기를 바라고 있는 이 땅의 모든 부모들에게는 그 어떠한 것보다 반가운 소식이 아닐 수 없었을 것이다. 더군다나 이 시범을 지켜본 한국뇌학회 회장께서 "뇌훈련으로 모든 사람이 초능력을 발휘할 순 없다고 하더라도 집중력이 놀랄 만큼 향상될 수 있을 것"이라고 말해 그 뒤 뇌호흡 훈련을 받으려는 학생들이 엄청나게 증가하였을 것은 명약관화한 사실이라 하겠다.

그러나 (앞서 언급된 브라이언 커밍스 교수 등이 지적한 바는 차치하더라도) 성경적 관점에서 볼 때 뇌호흡과 같은 특별한 훈련과 이로 인한 능력 향상은 (이미 '깨달음'의 반성경적인 내용에서도 확인이 된 바와 같이) 미혹의 함정이요, 단지 우리를 하나님께로부터 멀어지게 만드는 교묘한 덫이라는 사실을 직시하여야 한다. 이것은 시범 후 초등학교 3학년인 한 아이가 "뇌호흡을 하면 이마에서 빛이 나와 가지고 화면으로 다 보여요."라고 한 말에서도 그 실마리를 풀어 볼 수 있다.

티베트에 살던 고대의 라마들은 대단히 흥미로운 이상한 수술을 행했는데 그것은 뇌 중앙에 있는 솔방울 모양의 내분비기관인 송과선(pineal gland)을 잘라내는 것이었다. 진정한 라마가 되기를 원하는 초심자에게 달라이 라마(대승)와 동료들이 그의 이마에다 금속판을 꽂고 송과선 근처에다 대나무 가시를 집어넣게 되면 그는 이마의 중간에 세 번째 눈 곧 '모든 것을 보게 되는 눈'(All-seeing eye)을 갖게 된다고 한다. 이 수술이 성공적으로 이루어지면 그 사람은 자기가 만나거나 이야기하는 사람의 머리나 몸에서 색깔이 있는 오로라를 볼 수 있는 능력을 소유한다고 주장한다.

멜라토닌(melatonin)이라는 호르몬을 분비하는 기관으로 잘 알려져 있는 송과선은 최근의 연구 결과들에 의하면 멜라토닌에 의해 생체 리듬에 영향을 줄 뿐 아니라 여러 내분비 기관들에 대해서 직접적인 조절 작용(switch-off button)도 하며 더 나아가 피놀린(pinoline)이라는 물질 등을 만들어 정신력을 조절할 수 있다고 보고되고 있다.

송과선은 물론 수많은 신체기관의 해부생리에 대해 잘 모르던 고대인들이 미혹의 영에 이끌려 송과선을 인위적으로 조작하여서 모든 것을 보고자 하는 세 번째 눈을 가지려 한 사실은 동양에 널려 있는 불상에서 잘 볼 수 있으며 또 이름은 조금씩 다르지만 북미의 행운의 동전(good luck coin)이나 고대 이집트의 호루스의 눈(eye of Horus) 또는 남유럽, 북아프리카, 중동, 인도, 멕시코 등의 갖가지 부적들에서 명백하게 나타나고 있다. 그리고 현대판 바알(Baal) 숭배 집단인 프리메이슨(Freemasons)의 중요한 심벌이 '모든 것을 보게 되는 눈'(All-seeing eye; single human eye)인 것도 바로 같은 이치인 것이다.

9. 명상(Meditation)

이승헌 씨는 뇌호흡을 잘 하기 위해서는 신피질(대뇌피질)을 잠시 쉬게 하면서 뇌간을 조절해야 한다고 말한다. 즉 앞에서도 언급이 되었지만, 그는 우리의 의식을 깨어 있게 하면서 신피질만 잠들게 하는 방법이 바로 '명상'인데 이 명상을 통해 뇌호흡이 효과적으로 이루어질 수 있다고 주장한다.

그러나 뇌호흡뿐 아니라 모든 기(氣) 건강법들은 한결같이 훈련과정에서 '마음을 비우기 위한' 명상을 필요로 한다. 초월명상(transcendental meditation), 선명상(Zen meditation), 촛불명상(candle meditation) 등등 너무나 많은 종류의 명상들이 있지만 이들에는 기본적인 원리가 공통적으로 존재한다. 즉 '자기실현'과 '고차원적 의식'에 도달하는 것이 명상의 최종 목표이다.

그런데 '자기실현'이란 어떤 사람이 자신의 영을 조절할 수 있는 단계를 이루는 것이며 '고차원적 의식'은 그 사람이 여러 마귀들과 대화함으로써 성취되어진다. 즉 이것을 행하는 사람들은 종종 '안내자'나 '상담자'로 불려지는 특정한 마귀를 소유하게 된다. 일례로 삼십여 년 전에 필자가 이수한 적이 있었던 실바 마인드 컨트롤에서 피훈련자들은 명상을 통해 '상담자' 혹은 다른 이름으로 불리는 '영의 안내자'들에게 안내되어졌는데 자기만의 지하공간에 알파뇌파 상태로 내려가면 이런 '상담자'를 만날 수 있다. 우스꽝스러운 것은 이들과 주기도문을 함께 할 수도 있는 것인데 - 이것은 마인드 컨트롤 센터마다 조금 차이가 있는 것 같다. - 이럼으로써 그리스도인들에게 거부감을 주지 않고 더 잘 속일 수 있게 된다. 또 예수님을 상담자 중의 하나로 격하시켜서 예수님의 창조주되심과 구속주되심과 유일한 중보자되심을 송두리째 부정하도록 세뇌시킨다(고후4:4).

독일의 다름슈타트에서 가나안 공동체 원장으로 사역하고 있는 바실레아 슐링크(Basilea Schlink)는 명상의 결과로 생기는 최후의 고통에 대해 다음과 같이 경고하고 있다.

"밀교의 가르침의 영향으로 감정적으로 안정을 찾지 못하는 청년들의 수가 증가하고 있는데 특별히 초월명상과 같은 운동에 적극적으로 참여하는 사람들은 완전히 개인적으로 명상에 빠져들고 구루(guru; 힌두교의 지도자)들에게 전적으로 의존하게 되어서 감정적으로나 정신적으로나 도착상태가 되어 정상적인 생활이 불가능하다. 또한 부부가 모두 명상을 하게 될 경우 이혼율이 특별히 높다. 명상을 할 때의 그 무아지경과 현실로 돌아왔을 때 일상의 스트레스나 욕구불만 사이의 괴리감은 너무 큰 것이어서 조화로운 삶을 영위하기가 불가능하다."

성경은 여러 차례 명상에 대해 언급하지만, 하나님께서 말씀하시는 명상은 사탄의 것과 현저히 다르다.

> "너는 이 율법 책을 네 입에서 떠나지 말게 하며 밤낮으로 그 안에서 묵상(meditation)하여 그 안에 기록된 대로 다 지켜 행하라. 이는

그리하면 네가 네 길을 형통하게 하며 또한 크게 성공할 것임이라."
(수1:8)

이 구절에서 나오는 명상(meditation)은 하나님의 말씀을 능동적으로 읽고 배우고 암기하는 것을 의미한다. 많은 믿음의 선배들도 이와 같은 명상을 하였다. 사탄의 명상은 항상 수동적이지만 성경에서 나오는 명상은 절대로 수동적인 것을 의미하지 않으며 분명히 우리가 우리의 마음을 비우지 말고 제어해야 함을 보여준다.

10. 알파파(Alpha Wave)

계속해서 '힐링 소사이어티'에서 이승헌 씨가 과학적이라고 주장하는 이야기를 들어 보자.

"명상 중일 때는 잠이 든 때와 비슷한 알파파 상태이다." "이미 우리 속에 들어 있는 신성함을 일깨우려면 어떻게 해야 하는가? 그 답은 에너지에 있다. 동양적인 말로 바꾸면 기(氣)이다. 지금의 종교와 정신적 전통에서 가장 결핍되어 있는 부분이다."

이승헌 씨뿐 아니라 기(氣)를 이용한 건강법을 주장하는 사람들은 한결같이 인간의 뇌파의 종류에 따라서 사람의 능력 상태가 달라진다고 하여 베타(β)파(뇌파 중 가장 높은 파장으로서 보통 깨어 있는 상태를 말하며 대부분 기본적인 오관의 수준에서 기능을 함)에서 알파(α)파(낮고 좀 더 안정된 파장으로서 깊은 이완과 명상의 상태이고 몸의 재생이 이 상태에서 일어난다고 함)로 접근하게 되면 깊은 안정감과 행복한 기분을 맛보게 되며 나아가서 각종 초능력들, 곧 보이지 않는 물체를 알아맞추고 병을 고치고 여러 위험상태로부터 구출됨 등을 행사할 수 있게 된다고 한다. 다시 말해서 알파파라는 과학적 용어를 사용하여 비가시적 존재인 기(氣)를 캐무플라즈 하려는 건강법들에서 내세우는 목적은 보다 나은 인간이 되도록 돕기 위해 보다 안정적인 알파 뇌파를 조절하도록 훈련하는 것이라 한다.

필자도 의과대학 재학 시절 한 선배의 권유로 마인드 컨트롤 강습을 받을 때 알파파 얘기가 나오니까 학교에서 들었던 것과 같은 하나의 과학적 건강법인 줄 생각되어 안심하고 그 바쁜 본과 생활 중에서도 시간을 내어 끝까지 코스를 마친 적이 있었다. 그리고 어떤 환자의 이름과 나이, 성, 거주지만을 알려준 뒤 지금 무슨 병을 앓고 있는지 알아맞히는 마지막 자격시험을 치를 때에도 역시 알파파의 상태로 내려가 그 병명을 알아맞혔었다.

그러나 어떠한 과학적 용어로 포장이 되었든 인간이 자기 스스로 영을 조절하여 마귀들과 교통할 수 있도록 하는 것은 우리 그리스도인들이 단호히 배격해야 한다.

> "정신을 차리라. 깨어 있으라. 너의 대적(對敵) 마귀가 울부짖는 사자같이 두루 다니며 삼킬 자를 찾나니"(벧전5:8)
>
> "오 디모데야, 속되고 헛된 말장난과 거짓으로 과학이라 불리는 것의 반론들을 피하며 네게 맡긴 것들을 지키라."(딤전6:20)

11. 에너지(Energy)

알파파와 함께 비가시적인 기(氣)에 과학적인 뉘앙스를 입히는 표현은 '에너지'이다. 일례로 뇌호흡과 같은 뉴에이지 기법 중 하나인 '치료적 접촉'(therapeutic touch)에서 시술자는 천천히 손을 움직여서 미세하게 느껴지는 저리거나 뜨거운 감각을 찾아낸 후 과도한 에너지가 발견될 때에는 손을 사용하여 그 에너지를 '쓸어 내버려야' 하고 만족할 만한 에너지 상태의 정신적 이미지(mental image)를 창조하게 되면 이 영상을 환자에게 손을 통해 전달할 수 있다고 한다(창6:5). 그런데 이 '치료적 접촉'의 주창자 크리거(D. Krieger) 교수의 저서를 읽어보면 동양의 신비주의와 힌두교 개념인 우주에너지 프라나(prana)가 치료의 초석이 됨을 알 수 있다.

"모든 요가들은 최종적으로 같은 목표 즉 '브라만'(Brahman; 힌두교의 기본교리 중 형태도 없고 표현할 수도 없고 알 수도 없으며 보이지 않는 비인격적인 힘으로서 우주의 모든 것을 지칭함) 곧 신(神)과의 연합을 이루기 위함이다. 이 참된 지혜를 얻기 원한다면 이 요가들의 여러 방법들이 종합적으로 행해져야만 한다."고 루시 리델(Lucy Lidell)의 요가 교과서는 말하고 있다.

다시 말해서 여러 종류의 요가 기법들은 오직 브라만과 연합되도록 하기 위한 것이며 또한 무의식의 황홀경으로 쉽게 빠지도록 하려고 만들어진 것에 다름 아니다. 요가를 수행함으로써 마음이 비워지고 '프라나'의 흐름이 용이하게 된다고 하는데 여기서 말하는 에너지는 사실 영

(spirit)을 의미하며 엄밀히 말하면 마귀의 영을 이야기한다. 따라서 기(氣)라는 에너지를 표방하며 마귀가 들어와 공중투시 같은 영계에서의 여러 가지 경험들을 선물로 주면서 동시에 그 사람의 혼과 영을 '함께 묶는'(yoga) 고리를 형성하게 되는 것이다.

그러므로 우리는 뇌호흡이나 다른 건강기법에서 '비가시적인 에너지'(invisible energy)를 통해 형성하고자 하는 모든 불법 고리들을 하나님의 말씀으로써 잘라버려야 한다.

> "우리가 상상하는 것(imaginations)과 하나님을 아는 것을 거슬러 스스로를 높이는 모든 높은 것을 무너뜨리고 모든 생각을 사로잡아 그리스도께 순종하게 하며"(고후10:5)

12. 마무리

각 개인이 '뇌호흡'을 통해 깨달음에 이르고 난 후 깨달은 개인이 모여 '뉴휴먼공동체'를 이루는 식으로 10년 안에 1억 명의 깨달은 자가 생겨난다면 병든 지구를 치유할 수 있다고 주장하고 있는 이승헌 씨는 유엔에서 열린 '밀레니엄 종교 및 영성 세계평화 정상회의'에서 아시아 영성지도자를 대표해 다음과 같은 기도를 하였다.

"이제 종교의 이름으로 가해진 모든 상처들에 대해 인류 앞에 사죄함으로써 그 상처를 치유합시다. 이제 모든 이기주의와 경쟁에서 벗어날 것을, 그래서 신 안에서 하나로 만날 것을 서로에게 약속합시다."

그렇다. 아담과 이브가 선악과를 따먹은 사건(창3:6) 이후 무질서도 (entropy)가 증가하게 되는 열역학 제2 법칙(창3:17-19)이 태동하게 된 이래로 지금까지 우리 사회는 날로 깊이 병들어갈 수밖에 없었는데 이제 더욱 세련된 형태로 '뉴에이지 운동'이 확산되면서 이 사회를 근본적으로 치유하기 위해 궁극적으로 세계의 모든 종교가 하나로 되어야 한다는 컨센서스가 점차 확고하게 지구촌 곳곳에서 형성되고 있다(살후2:3,4; 계13:8).

그렇다면 우리도 이 사회를 치유하기 위해서 뇌호흡을 통해 '힐링 소사이어티'로 대표되는 이 시대의 거대한 물결에 합류해야 하는 것인가?

결코 그럴 수 없다. 왜냐하면 예수님을 구주로 영접한 우리들에게는 '복된 소망'이 있기 때문이다(딛2:13). 곧 우리의 진정한 '치유자'이신 예수님(출15:26; 마9:12; 막2:17; 눅5:31)께서 구원을 완성하시고 찬양을 받으시기 위해 이 땅에 다시 오시는 날 우리는 영광의 몸으로 변화되고 이 세상은 완전히 치유될 것이기 때문이다(롬8:17,21).

원래 이름이 루시퍼로서 빛나는 존재였던 사탄은 빛의 천사로 가장해 우리에게 접근한다(사14:12; 고후11:14). 선악과를 따먹으면 눈이 밝아져 신들과 같이 될 것이라고 유혹했던 사탄은 지금도 같은 방법으로 뇌호흡을 통해 우리에게 다가옴을 기억하자(창3:5).

4부 _ 성경과 건강

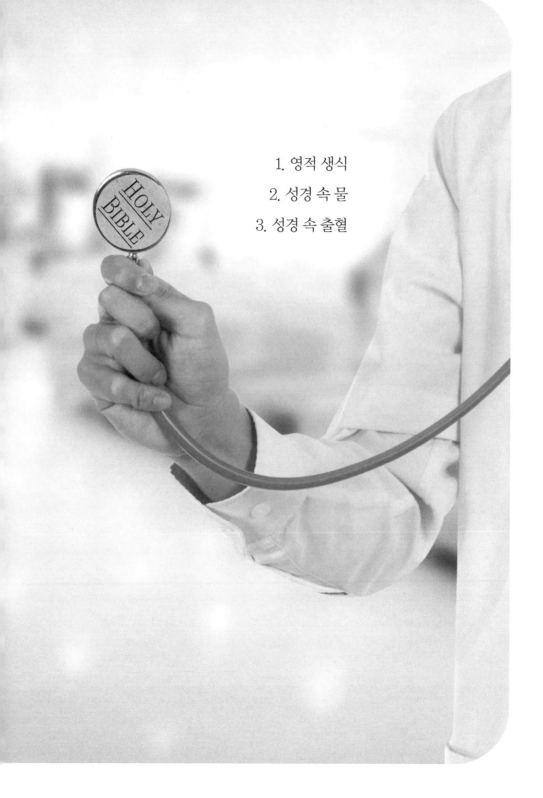

영적 생식

1. 들머리

네이버 국어사전 및 두산백과사전에서 생식(生殖)은 다음과 같이 정의되고 있다.

"[명사] 1 낳아서 불림. 2 〈생물〉생물이 자기와 닮은 개체를 만들어 종족을 유지함. 또는 그런 현상. 유성 생식과 무성 생식으로 나눈다." "생물이 자신과 같은 새 개체를 만들어 그 종족을 유지하는 현상."

이와 같은 생식의 사전적 정의는 다시 말해 한 생명체의 출생(出生, birth)과 더불어 그 종족의 번성(蕃盛, multiplication)까지 아우르는 개념이라 하겠다. 따라서 하나님께서 온 우주만물을 창조하신 후 인간에게 첫 번째로 명령하신 문화명령(文化命令, the cultural mandate)이 바로 생식(生殖)의 근원이 됨을 알 수 있다(창1:28).

> "하나님께서 그들에게 복을 주시며 그들에게 이르시되, 다산(多産)하고 번성(蕃盛)하여 땅을 채우라. 땅을 정복하라. 또 바다의 물고기와 공중의 날짐승과 땅 위에서 움직이는 모든 생물을 지배하라, 하시니라."(창1:28)

아울러 신약에도 생식(生殖)과 관련된 또 하나의 명령이 우리에게 주어져 있다. 그것은 주 예수님께서 부활 후 승천하시기 전 제자들에게 주신 대위임령(大委任令, the great commission)이다(마28:19,20).

> "그러므로 너희는 가서 모든 민족들을 가르치고 아버지와 아들과 성령의 이름으로 그들에게 침례(baptism)를 주며 내가 너희에게 명령한 모든 것을 그들에게 가르쳐 지키게 하라. 보라, 내가 세상의 끝까지 항상 너희와 함께 있으리라, 하시니라. 아멘."(마28:19,20)

성경에 나타난 이 두 가지 커다란 명령 중 문화명령이 육적 생식(肉的 生殖)에 관한 것이라면 대위임령은 영적 생식(靈的 生殖)을 의미한다고 할 수 있다. (대위임령 자체에 대한 성경적 분석은 졸저 〈성경으로 세상 보기2〉 중 〈아프간 딜레마〉를 참조하기 바란다.)

그런데 최근 들어 우리나라에서 육적 생식(出山率)이 줄어들고 있어서 국가적으로 커다란 문제가 되고 있지만 또한 영적 생식(傳道率)도 점차 감소하는 추세에 있는 것이 사실이다. 따라서 이 글에서는 그리스도인의 기본이 되는 영적 생식의 전반에 대한 성경적 고찰을 함으로써 영적 생식이 증가되는 데 일조(一助)가 되었으면 한다(히5:12-14).

2. 처녀 생식(處女 生殖, parthenogenesis)

육적 생식과 달리 영적 생식은 '처녀 생식' 으로부터 비롯된다.

처녀 생식은 단성 생식(單性 生殖)이라고도 불리며 남성에 의한 수정 없이 배아가 성장, 발달하는 것을 의미한다. 일반적으로 자연계에서 몇몇 종에서 일어나는데 하등식물, 무척추동물(물벼룩, 진딧물, 벌, 기생벌), 척추동물(몇몇 파충류, 물고기, 아주 드물게는 새, 상어) 등에서 관찰되고 있다.

그러나 소위 고등동물, 특히 인간에서 처녀 생식은 일어날 수 없으며 이는 불문가지(不問可知)의 절대적 진리(絶對的 眞理)이다.

그렇지만 처녀 생식이 인간에게서 일어났던 적이 인류 역사상 한 번 있었다. 곧 이천년 전 하나님의 충만한 때가 이르자 유대 땅 베들레헴에서 처녀 마리아가 성령님에 의해 수태되어 예수님을 출산하는 기적(奇蹟)이 발생하였다(마1:18-25; 갈4:4).

그런데 왜 예수님께서는 처녀에게서 태어나셔야만 했을까? 만약 예수님께서 처녀의 몸에서 태어나지 않으셨다면 인류를 죄(罪)로부터 구원하실 수가 없기 때문이었다. 다시 말해 예수님께서 남자의 씨(精子, sperm)를 통해 육신(肉身)을 입게 되셨다면 예수님의 피는 우리와 같은 부패된 피(SIN+)가 됨으로 예수님에게는 우리를 구원할 능력이 없게 되기 때문이었다(창3:15,21; 레17:11).

그러나 예수님은 남자의 씨가 아니라 '성령님'에 의해 수태되었으므로 '무죄(無罪)한 피'(SIN-)를 소유하실 수 있었으며, 또 비록 마리아의 몸을 빌리셨지만 마리아의 부패된 피(SIN+)는 한 방울도 받지 않으셨다. 왜냐하면 하나님께서는 산모의 자궁에서 자라고 있는 태아에게 태반을 통하여 필요한 영양분만이 공급되게 하셨고 피는 단 한 방울도 넘어가지 않게 만드셨으며 오로지 태아의 피는 태아 자체의 조혈기관(fetal hematopoietic organs)에서 생성되도록 하셨기 때문이었다.

그래서 '무죄한 피'(SIN-)를 완벽하게 지니시게 된 예수님은 이 세상의 모든 죄를 제거하는 '흠도 없고 점도 없는 어린양'이 되셨던 것이다(요1:29,36; 벧전1:18,19).

> "다음 날 요한이 예수님께서 자기에게 오시는 것을 보고 이르되, 세상 죄를 제거하시는 하나님의 어린양을 보라."(요1:29)
>
> "너희가 알거니와 너희 조상들로부터 전통으로 물려받은 헛된 행실에서 너희가 구속(救贖)받은 것은 금이나 은같이 썩을 것들로 된 것이 아니요, 오직 흠도 없고 점도 없는 어린양의 피 같은 그리스도의 보배로운 피로 된 것이니라."(벧전1:18,19)

3. 육적 생식(肉的 生殖, fleshly generation)

그런데 왜 하나님께서 이처럼 피를 통해 구원 곧 '영적 생식' 을 이루고자 하신 것일까? 먼저 하나님께서 처음으로 인간을 창조하시던 장면으로 돌아가 보자(창2:7).

> "주 하나님께서 땅의 흙으로 사람을 지으시고 생명의 숨을 그의 콧구멍에 불어넣으시니 사람이 살아 있는 혼(魂)이 되니라."(창2:7)

이미 뇌, 심장, 폐, 위장, 간, 콩팥 등등 인간의 몸은 완벽하게 만들어져 있었을 텐데 무엇이 이러한 인간의 각종 장기와 조직들이 동시에 살아서 제 기능을 발휘하도록 할 수 있었을까?

그것은 다름 아닌 피 때문이었다. 즉 우리 몸의 여러 기관들(systems) 중 유일하게 어느 한 곳에 국한되지 않고 온 몸을 다니는 혈액(blood)이 순환(circulation)을 시작하였기 때문이었다. 다시 말해 인간의 몸(肉)에 하나님의 숨이 들어가자 각 장기와 조직과 세포들은 피를 통해 산소와 각종 영양소를 공급받아 활동을 시작하며 생명현상을 나타냄으로써 '육적 생식' 이 이뤄지게 된 것이다.

이처럼 피를 통해 살아 있는 혼이 되어 생명을 갖게 된 아담은 '다산(多産)하고 번성(蕃盛)하여 땅을 채우라' 는 하나님의 명령을 좇아 이 땅에서 육적 생식과 함께 영적 생식도 잘 이행하며 영원한 삶을 살 수 있었다. 그러나 우리가 잘 아는 대로 그는 하나님께서 금하신 선악과를 따먹고 930세에 흙으로 돌아가고 말았다(창3:6; 5:5). 곧 하나님의 말씀에 불순종하여 죄(罪)가 들어오자 아담의 피는 부패하기 시작하여 영원한 생명을 잃어버리며 '영적 생식'에 실패하게 되었다.

아울러 그 후 아담의 모양과 형상을 따라 죄 가운데 태어나게 된 아담의 모든 후손들도 역시 아담으로부터 물려받은 부패된 피(SIN+)로 인하여 (비록 육적 생식은 이어나갈 수 있었지만) 영원한 생명을 소유할 수 없게 되었다(창5:3; 롬3:10-12; 23).

> "모든 사람이 죄(罪)를 지어 하나님의 영광에 이르지 못하더니"(롬 3:23)

4. 사망(死亡, death)

그렇다. 우리 모두가 부패된 피(SIN+)를 소유한 죄인(罪人)이기 때문에 우리는 죽을 수밖에 없는 존재가 된 것이다(롬6:23상).

그런데 이 글을 읽으시는 분 중에 자신은 죄(罪)와는 거리가 한참 멀다고 생각하시는 분이 계실지 모르겠다. 그러나 하나님은 당신의 속 중심을 보고 계신다는 사실을 잊지 않았으면 한다(시44:21; 렘17:10; 히4:13; 계2:23).

예수님께서 직접 하신 말씀을 보자.

> "나는 너희에게 이르노니, 누구든지 여자를 보고 그녀에게 음욕을 품는 자는 이미 마음속으로 그녀와 간음하였느니라."(마5:28)

또 요한일서 3장 15절의 말씀을 보자.

> "누구든지 자기 형제를 미워하는 자는 살인하는 자니 살인하는 자 속에는 영원한 생명이 거하지 아니하는 줄 너희가 아느니라."

당신이 음욕을 품은 적이 있다면, 또 누구를 미워한 적이 있다면 죄 중에서도 가장 큰 죄인 간음죄와 살인죄를 지은 것이라고 하나님께서는 판단하시는 것이다.

그래서 하나님께서 말씀하신 대로 이 글을 읽는 독자 모두는 다 죄인(罪人)인데 죄(罪)에는 반드시 사망(死亡)이라고 하는 대가(代價)가 따르게 된다(롬5:12; 6:23상).

> "죄의 삯은 사망이나"(롬6:23상)

죄의 삯인 사망은 두 가지로 나누어진다. 첫 번째는 '육체적 사망'(肉的 死亡)이고 두 번째는 '영적 사망'(靈的 死亡)이다. 사람이 죄 문제를 해결하지 못하여 영적으로 죽은 상태에서 육신적으로 죽는다면 그 사람은 불못(계20:10-15; 21:8)이라고 불리는 '둘째 사망' 곧 '영적 사망'의 고통을 영원토록 겪어야 한다. 즉 죄인인 사람은 죄의 대가를 치르기 위해 영존하는 불못의 고통을 겪어야만 하는 것이다. 그런데 지옥에서 천국으로 갈 수 있는 기회는 전혀 없다. 한 번 지옥에 가면 영원토록 그곳에 머물며 고통 가운데 있게 되는 것이다(눅16:19-31).

5. 영적 출생(靈的 出生, spiritual birth)

그런데 아주 놀랍고도 복된 소식이 있다. 그것은 예수님께서 그 죄 값을 다 치르셨다는 사실이다. 과거의 죄뿐 아니라 현재와 미래의 죄까지 단번에 다 해결하셨다(롬5:8; 히9:22; 10:10). 곧 십자가에서 '보배로운 피'(SIN-)를 흘려 우리의 죄를 완전히 제거해 주신 것이다(벧전 1:18,19).

> "너희가 알거니와 너희 조상들로부터 전통으로 물려받은 헛된 행실에서 너희가 구속(救贖)받은 것은 금이나 은같이 썩을 것으로 된 것이 아니요, 오직 흠도 없고 점도 없는 어린양의 피 같은 그리스도의 보배로운 피로 된 것이니라."(벧전1:18,19)

그 결과 우리는 또한 하나님께 감히 '의롭다'고 인정을 받을 수 있게 되었다(롬3:10; 5:6-11).

> "그러면 이제 우리가 그분의 피로 말미암아 '의롭게' 되었은즉 더욱 더 그분을 통하여 진노로부터 구원을 받으리니"(롬5:9)

그런데 여기서 하나님의 복주심(창9:27)을 좇아 중국 땅에 들어온 야벳의 후손들에게 한자라는 상형문자를 만들어준 창힐이 왜 의(義)라는 한자어를 이처럼 기록하였는지 잠깐 살펴보도록 하자.

의(義) = 양 양(羊) + 손 수(手) + 창 과(戈)

의(義)란 바로 어린 양(羊)을 자신의 손(手)으로 잡고 창(戈)으로 찔렀을 때 나오는 것(寶血)을 의미한다. 즉 어린양이 되신 예수 그리스도의 '무죄한 피' (SIN-)로써만 우리가 의로워질 수 있다는 사실을 말해준다 (요1:29,36; 벧전1:19; 요일1:7; 계7:14; 12:11).

또한 의(義)는 다음과 같이 정의될 수도 있다.

의(義) = 양 양(羊) + 나 아(我)

이 등식은 양(羊) 아래에 내(我)가 있는 상태가 의(義)라는 것이다. 즉 어린양이신 예수님이 나의 주인(Lord)이 되셔야 의로워진다는 것이다.

또한 야벳의 후손들은 '의롭다'를 영어로 'righteous'로 표현하고 있는데 이것은 관계성을 설명해 주는 개념이다. 즉 "righteous relationship with God"을 의미한다. 한자어 의(義)의 풀이와 똑같이 어린양 (羊)이신 예수님을 내(我)가 구주로 모실 때에 '하나님과 올바른 관계'가 형성된다는 뜻이다(롬3:25; 골1:19,20).

> "이 예수님을 하나님께서 그분의 피(his blood)를 믿는 믿음을 통하여 화해헌물(propitiation)로 제시하셨으니"(롬3:25상)
>
> "이는 아버지께서 그분 안에 모든 충만이 거하는 것을 기뻐하시고 그분의 십자가의 피(the blood of his cross)를 통하여 화평을 이루

사 모든 것 곧 땅에 있는 것들이나 하늘에 있는 것들이 그분으로 말 미암아 자신과 화해하게 하셨음이니라."(골1:19, 20)

6. 생명(生命, life)

그렇다. 예수님께서는 우리 모두를 위해 십자가에서 '보배로운 피(寶血)'를 흘려 돌아가셨다(벧전1:19). 인류의 모든 죄를 다 씻어주실 수 있는 '무죄(無罪)한 피' (SIN-)를 흘리시고 우리가 받아야 할 지옥 · 불 못의 영원한 고통을 대신 받으셨다(마27:4; 요일1:7).

다시 말해서 죄로 말미암아 사탄에게 팔려갔던 우리를 하나님께서 친히 자신의 피(SIN-)로 값을 치르시고 다시 찾아주시는 구속(救贖, redemption)을 통해 우리는 하나님의 자녀가 되는 복(福, blessing)을 얻게 된 것이다(행20:28; 엡1:3-7).

따라서 이제 이 모든 사실을 믿고 예수님을 구주로 모셔들이기만 하면, 즉 '무죄(無罪)한 피' (SIN-)를 수혈받기만 하면, 누구든지 구원을 받고 영원한 생명을 얻게 되는 것이다(롬6:23하).

"하나님의 선물은 예수 그리스도 우리 주를 통해 얻는 영원한 생명이니라."(롬6:23하)

다시 말해 예수님을 자신의 인격적인 구원자와 주님으로 영접하면 그 순간 하나님의 선물인 영원한 생명을 얻게 되어 언제 이 세상을 떠나

가든지 지옥에 가지 않고 하나님의 영광이 가득하고 부활하신 예수님이 계신 천국에 바로 들어갈 수 있게 되는 것이다(마1:21; 요1:12; 3:16).

그러할 때 우리는 영적으로 다시 태어나게(born again) 되는 것이요, 하나님의 자녀로 신분이 바뀌게 되는 것이요, 감히 하나님을 아바, 아버지라고 부를 수 있게 되는 것이요, 하나님의 상속자가 되는 것이요, 천국시민권자가 되는 것이요, 어린양의 생명책에 이름이 기록되는 것이요, 하나님의 호적에 새로운 창조물로 다시금 출생신고가 되는 것이다(요1:12; 3:3-7; 롬8:14-17; 고후5:17; 빌3:20; 계21:27; 22:4).

7. 예수 그리스도의 세대(基督 世代, the generation of Jesus Christ)

아울러 우리는 택함 받은 세대(generation) 곧 예수 그리스도의 세대(generation)에 속하게 되어 영적 생식(generation)을 이루어나가게 되는 것이다(벧전2:9; 마1:1).

> "그러나 너희는 선정된 세대(chosen generation)요 왕가의 제사장이요 거룩한 민족이요 특별한 백성이니 이것은 너희를 어둠에서 불러내어 자신의 놀라운 빛으로 들어가게 하신 분께 대한 찬양을 너희가 전하게 하려 하심이라."(벧전2:9)
>
> "아브라함의 자손이시요, 다윗의 자손이신 예수 그리스도의 세대(the generation of Jesus Christ)에 대한 책이라."(마1:1)

〈만약 마태복음 1장 1절에서 헬라어 '게네시스'의 번역이 세대 (generation) 대신에 족보(genealogy)로 된다면 마태복음 내지는 신약 성경 전체는 마태복음 1장 15절까지로 끝나야 할 것이다. 세대 (generation)가 올바른 번역인 사실은 시편 22편에서 확인이 된다.

"나의 하나님이여, 나의 하나님이여, 어찌하여 나를 버리셨나이까?" 로 시작되는 이 시편은 십자가에서 고통당하시는 그리스도를 잘 표현 하고 있는데 30절과 31절에 다음과 같은 진술이 나온다.

> "한 씨(a seed)가 그분을 섬기리니 주께서 그것을 한 세대(a generation)로 여기시리라. 그들이 와서 앞으로 태어날 한 백성에게 그분의 의를 밝히 드러내되 그분께서 이것을 행하셨음을 드러내리로다."

여기서 그리스도께서 행하신 것을 드러내는 씨(seed)가 그리스도를 믿는 자들임은 분명하며, 그 씨는 한 세대(a single generation)로 여겨 지고 있다. 따라서 마태복음 1장 1절에서 '예수 그리스도의 세대에 대한 책'은 신약성경 전체를 의미하는 것으로 볼 수 있는데, 이 신약성경 속에서 '다시 태어난 세대'(born again generation)가 예수 그리스도의 의를 드러내고 있는 것이다.

'하나님에겐 자녀가 있지만 손주는 없다'라는 우스갯소리가 있다. 성경적으로 이 말이 맞는 것은 예수님께서 '많은 형제들 가운데서 처음

난 자'(롬8:29)이시기 때문이다. 또 요한계시록에 어린양의 결혼이 언급되고 있지만 그 자녀에 대해서는 침묵하고 있기 때문이기도 하다. 이 사실로써 우리는 신학적으로 어렵게 느껴지는 세대(generation)에 대한 구절들을 바로 이해할 수 있게 된다. 예를 들어 마태복음 24장 34절을 보자.

> "진실로 내가 너희에게 이르노니, 이 세대(this generation)가 지나가기 전에 이 모든 일들이 성취되리라."

여기서 예수님은 제자들에게 말씀하고 계시는데(33절) 그 뒤의 구절들(35-42절)을 보면 이 세대가 매우 긴 기간임을 알 수 있다. 즉 예수님이 언급하신 이 세대는 시편 22편에 나왔던 대로 예수 그리스도를 섬기는 씨의 세대를 의미하고 있는 것이다.

(이와 반대로 예수님을 섬기지 않는 불신자들의 '세대'도 성경 곳곳에서 발견할 수 있다.)〉

8. 마무리

사랑하는 독자 여러분, 이제 예수님을 구주로 영접하여 구원을 받고 영원한 생명을 얻는 '영적 생식'에 동참하고 싶지 않으십니까?

성경은 다음과 같이 '구원받는 방법'(how to be saved)을 우리에게 잘 제시해 주고 있습니다(롬10:9,10).

> "네가 만일 네 입으로 주 예수님을 시인하고 하나님께서 그분을 죽은 자들로부터 살리신 것을 네 마음속으로 믿으면 구원을 받으리니 사람이 마음으로 믿어 의(義)에 이르고 입으로 시인하여 구원에 이르느니라."(롬10:9,10)

> "누구든지 주의 이름을 부르는 자는 구원을 받으리라."(롬10:13)

독자 여러분 중에 아직도 예수님을 자신의 인격적인 구원자(Saviour)와 주님(Lord)으로 모셔들이지 못한 분이 계시다면 다음의 기도를 드리시기 바랍니다.

"온 우주만물을 창조하신 하나님 아버지, 저는 제가 거룩하신 하나님 앞에서 죄인이며, 영원한 지옥의 형벌을 받아야 마땅한 존재임을 알게 되었습니다. 그리고 저를 사랑하시는 하나님께서 예수 그리스도를 이 세상에 보내셔서 죄인인 저를 대신해서 모든 형벌을 받으시고 보배로운 피를 흘려주신 사실도 알게 되었습니다.

부디 저를 불쌍히 여기시며 저의 모든 죄를 용서해 주시기 바랍니다. 또한 저를 도와주셔서 이 죄들을 미워하여 완전히 떨쳐버리고 새로운 삶을 살 수 있게 도와주시기 바랍니다. 저는 구원받기를 원하나 저의 노력이나 방법으로는 구원받을 수 없음을 인정합니다. 저의 죄를 제거하기 위해 예수 그리스도를 보내 주시고 예수님께서 저를 위해 십자가에서 무죄한 피를 흘려 돌아가신 뒤 사흘 만에 부활하셨으니 하나님의 은혜에 진심으로 감사를 드립니다.

이제 저는 이 예수님을 신뢰하며 그분께서 부활하신 것을 믿으며 저의 구원자와 주님으로 모셔들입니다. 이제부터 영원토록 주님을 사랑하고 주님의 명령에 순종하며 다른 이들을 예수님께로 인도하고 오직 보혈의 능력으로 살아가도록 도와주시기 바랍니다.

다시 한 번 저를 영원한 지옥의 형벌로부터 구원해 주시고 천국과 영원한 생명을 주신 은혜에 감사를 드리며 이 모든 것을 주 예수님의 이름으로 기도합니다. 아멘."

성경 속 물

1. 들머리

유례없는 가뭄으로 소양강댐 수위가 낮아지면서 물에 잠겨 있던 수몰지역의 성황당 매차나무가 모습을 드러냈다. (2015년 6월 15일 현재 소양강댐의 수위는 152.53m 수준으로 지난 1978년 이후 최저치를 기록하고 있다.) 양구군청 측은 "이 나무가 물 밖으로 모습을 드러낸 것은 수몰 후 42년 만에 처음"이라고 밝혔다. 북한에서도 100년 만의 극심한 가뭄으로 전국 각지 농촌에서 모내기한 논의 30%가량이 피해를 받고 있다고 한다.

비단 우리나라뿐만이 아니라 최근 한 달 동안 태국, 필리핀 등의 강우량도 예년에 비해 40%가량 감소하는 등 아시아 곳곳에서 가뭄이 심각하다. 태평양 적도 부근에서 시작된 '이상기온' 엘니뇨현상으로 비롯된 이번 아시아지역의 가뭄이 내년 1월까지 지속될 가능성이 있다는 분석도 나오고 있는데, 이러한 소식을 접하면서 물 부족으로 인한 사회경제적 소용돌이가 전 세계적으로 점차 커지지 않을까 우려가 되기도 한다.

아울러 타들어가는 농작물을 보다 못해 기우제를 지내는 곳까지 등장하고 있는 작금의 현실을 보면서 우리 인간이 얼마나 보잘 것 없는 존재인지 다시금 확인하게 되며, 또 물이 우리 생명의 원천이자 동시에 생존에 필수불가결한 요소임을 새삼 깨닫게 된다.

따라서 이 글에서는 인류의 역사와 근원을 가장 정확하게 설명하고 있는 성경을 통해 물의 기원 및 수문학에 대한 역사적 고찰과 함께 그 영적인 의미도 살펴봄으로써 그리스도인의 신앙적 지평을 넓혀보고자 한다.

2. 물의 기원(the origin of the water)

성경에 처음으로 물(water)이 등장하는 곳은 창세기 1장 2절이다.

> "땅은 형태가 없고 비어 있으며 어둠은 깊음의 표면 위에 있고 하나님의 영(靈, spirit)은 물들(waters)의 표면 위에서 움직이시니라."
> (창1:2)

하나님의 창조를 선포하는 성경의 첫 문장 "처음에 하나님께서 하늘과 땅을 창조하시니라." 에 이어진 문장에서 물(water)이 처음으로 언급되고 있다. 그런데 이 물은 공교롭게도 성경에 나타난 첫 번째 분자(分子, molecule)이다. 즉 어떤 생명체라도 창조되기 전에 물이 존재하여야 함이 마땅할 터인데 이처럼 하나님께서 그 어떤 분자보다도 먼저 물이 존재하도록 하신 사실은 같은 문장에 언급된 한자어 영(靈)을 파자(破字)하여 볼 때 확실히 입증이 된다.

영(靈) = 비 우(雨) + 입 구(口) + 입 구(口) + 입 구(口) + 지을 공(工) + 사람 인(人) + 사람 인(人)

우(雨)자는 위에 덮어씌운 괄호가 있고 그 괄호 안에 수직선 양 옆으로 짧고 둥글게 가로 그은 선이 둘씩 있는데 그것은 물이 가득 찬 공간을 뜻한다. 그리고 그 물들을 둘러씌운 괄호는 물들의 표면 위에서 이뤄지는 것을 의미한다. 구(口)자 세 개는 말씀으로 천지를 지으신 삼위일체(三位一體) 하나님을 뜻하며 공(工)자와 인(人)자 두 개는 하나님께서 아담과 이브를 만드신 것을 나타내준다(창1:2,27).

즉 영(靈, spirit)은 삼위일체(口+口+口) 하나님께서 창조의 클라이맥스로 아담(人)과 이브(人)를 만드시기(工) 위해 물들(雨)의 표면 위에 운행하시는 창세기 1장 2절의 내용을 표현하는 것이다.

따라서 생명의 원천인 물은 다른 피조물에 앞서 존재하였으며 그 기원은 다른 피조물들과 마찬가지로 창조주 하나님인 것이 사실이다.

3. 궁창 위의 물들(the waters which were above the firmament)

창조의 둘째 날, 하나님께서는 지구의 표면을 둘러싸고 있던 물들을 나누어 궁창 위의 물들과 궁창 아래의 물들을 만드셨다(창1:6-8).

> "하나님께서 이르시되, 물들의 한가운데 궁창이 있고 또 그것은 물들에서 물들을 나누라, 하시고 하나님께서 궁창을 만드사 궁창 위의 물들에서 궁창 아래의 물들을 나누시니 그대로 되니라." (창1:6, 7)

이 궁창 위의 물들에 대해 대기권의 한계를 넘는 에테르적인 물 또는 유리바다나 생명의 강이라고 하는 주장도 있고 단순히 구름이라는 해석도 있지만 여러 과학자들은 노아의 홍수 전에 실제로 궁창 위에 물층(water canopy)이 있었다고 생각한다.

또 히브리어를 살펴 볼 때 하늘이란 단어는 '샤마임' 으로서 '샴' (저곳)과 '마임' (물)의 합성어인데 히브리인들은 하늘 위에 물층이 있었으므로 하늘을 '저 윗물' 이라고 불렀던 것을 알 수가 있다. 이 궁창 위의 물들은 중력을 이기고 떠 있을 수 있도록 아주 작은 미립자 상태로 지구 전체에 걸쳐서 궁창 위에 떠 있었다고 생각된다.

하나님께서 이처럼 궁창 (첫째 하늘) 위에 물들을 두신 이유는 이 수분층으로 하여금 지구로 침투하는 수많은 우주광선을 걸러내도록 하시기 위함이었다. 하나님께서 놀랍게 창조하신 우리 육체 속에 재생 능력을 소유하고 있는 인간은 이 수분층에 의해 우주광선으로부터 보호받고 있을 당시에는 (비록 아담의 타락으로 인해 노화는 진행되고 있었지만) 생명력 곧 육체적 능력과 힘이 감퇴되지 않은 채 거의 천 년을 지낼 수 있었다. 왜냐하면 세포를 파괴하고 노쇠현상을 촉진시키는 고주파 방사선과 같은 우주광선이 이 궁창 위의 물들에 의해 완전히 차단된 상태이므로 아무런 변이현상(mutation)이 일어날 수 없었기 때문이다.

4. 에덴동산의 강들(rivers in the garden of Eden)

그리고 하나님께서는 궁창 아래의 물들을 순환시키는 가운데 에덴동산에서 강 하나가 갈라져 네 개의 강이 흐르게 하심으로 아담과 이브가 이 강들로부터 생존에 필요한 물을 공급받으며 삶을 영위할 수 있게 해 주셨다(창2:10-14).

> "강 하나가 에덴에서 나가 동산을 적시고 거기서부터 갈라져 네 개의 근원이 되었는데 첫째 강의 이름은 비손이니라. 그것은 곧 금이 있는 하윌라의 온 땅을 두르는 강인데 그 땅의 금은 좋으며 거기에는 델리움과 줄마노가 있느니라. 둘째 강의 이름은 기혼이니라. 바로 그것은 곧 에티오피아 온 땅을 두르는 강이며 셋째 강의 이름은 힛데겔이니라. 그것은 곧 아시리아의 동쪽으로 가는 강이고 넷째 강은 유프라테스니라."(창2:10-14)

이러한 역사적 사실은 한자어 복(福)을 파자(破字)하여 볼 때 더욱 확실히 알 수가 있다. 복(福)이 어떻게 해서 '보일 시(示)' 변(邊)에 '한 일(一)', '입 구(口)', '밭 전(田)'으로 구성되었는지, 그래서 복(福)이란 그 쉽지 않은 추상적 개념을 나타내고 있는지 살펴보도록 하자.

'示(시)'자는 원래 제단의 모양(示)을 본뜬 글자로서 하나님께서 예배를 받으시고 계시를 베푸신다는 뜻이며 따라서 '하나님' (示: 허신은 이 '보일 시(示)'자를 신사야(神事也)라고 하였다. 즉 '하나님을 섬길 시(示)'라는 뜻이다.)을 의미하는 부수가 되었다. 아울러 가운데 획 '一'의 위쪽은 '한(一) 하나님' (one God)을 의미하며 가운데 획 '⺊'의 아래는 우리에게 '세(小) 분' (three persons)으로 드러나시는 하나님을 의미한다(요일5:7).

'一(일)'자는 하나(one)라는 뜻이며 '口(구)'자는 입을 가진 말하는 존재 곧 사람(man)을 나타낸다. 그리고 '田(전)'자는 한 곳에서 발원하여 '네 강' (十)이 흐르는 지역(口)을 의미한다. 곧 비손, 기혼, 힛데겔, 유프라테스 등 네 강이 흐르던 에덴동산을 의미한다(창2:10-14).

그렇다면 복(福)이란 하나님(示)께서 첫(一) 사람(口) 아담을 에덴동산(田)에 두신 상태를 표현하는 말이다. 즉 하나님께서 엿새 동안 우주 만물을 창조하신 후 아직 죄와 사망이 세상에 들어오기 전 그 창조의 클라이맥스로 만드신 인간에게 에덴동산에서 (네 강을 통해 생존에 필요한 물을 공급받으며) 만물을 다스리도록 하신 유토피아를 나타내는 개념이다(창1:28, 2:15).

5. 노아의 홍수(the flood of Noah)

그 후 아담과 이브가 타락함으로 인해 세상이 저주 가운데 놓이게 되었지만 궁창 위의 물들과 궁창 아래의 물들에 근본적인 변화가 생기게 된 것은 아담과 이브가 에덴동산에서 쫓겨난 지 약 1,650년쯤에 발생한 '노아의 홍수' 때였다.

므두셀라(Mutheselah, '심판' 이라는 뜻)가 죽었던 바로 그 해에 일어난 노아의 홍수는 중동지방에 국한된 국지적 홍수가 아니라 온 세상을 뒤엎었던 어마어마한 역사적인 홍수였다. 즉 노아가 육백세 되던 해에 큰 깊음의 샘들이 다 터지며 하늘의 창들이 열려 비가 사십 일 동안 밤낮으로 땅 위에 쏟아졌고 이 물이 백오십 일 동안 땅 위에 넘쳐나 온 하늘 밑에 있는 높은 산을 약 아홉 달 동안 다 덮고 있었다(창7:11,12,18, 19,24; 8:5).

따라서 지구의 표면, 대기 형태, 지구의 지리, 수리, 지질, 기상 등등에 있어서 이전의 세계 질서를 완전히 파괴시킨 전 세계적 대격변(cataclysm)이 일어날 수밖에 없었다. 이것은 퇴적층의 화석들이 신속한 매장의 불가피성을 증명하고 있는 사실로써도 잘 알 수가 있는데 그럼에도 불구하고 동일과정설(uniformitarianism)이나 단순한 변혁론(catastrophism)으로 지구의 역사를 해석하려는 잘못된 철학이 이 시대의 조류가 되어버리고 말았다(벧후3:3-6).

> "먼저 이것을 알라. 마지막 날들에 비웃는 자들이 와서 자기 정욕을 따라 걸으며 이르되, 그분께서 오신다는 약속이 어디 있느냐? 조상

들이 잠든 이래로 모든 것이 창조의 시작 이후에 있던 것같이 그대로 계속된다, 하리니 이는 하늘들이 옛적부터 있는 것과 땅이 물에서 나와 물 가운데 서 있는 것도 하나님의 말씀으로 된 것임을 그들이 일부러 알려 하지 아니하기 때문이라. 이로 말미암아 그때의 세상은 물의 넘침으로 멸망하였으되"(벧후3:3-6)

홍수 이후 궁창 위 물층이 사라지면서 인간은 마침내 혹독한 자연환경에 적응해야 하는 어려움에 부닥치게 됐다. 우주에서 들어오는 유해한 광선들의 방어벽으로서 뛰어난 역할을 수행하고 있었던 물층이 소실되자 각종 우주선에 노출이 되며 균일한 온도와 적절한 습도를 유지케 하였던 온실효과도 사라져버려 인간은 생존을 위해 처절히 몸부림칠 수밖에 없는 환경이 되어버렸다. 당시 지구 환경의 혹독함에 대해 모세는 이렇게 증언하고 있다.

"땅이 있을 동안에는 심는 때와 거두는 때와 추위와 더위와 여름과 겨울과 낮과 밤이 그치지 아니하리라, 하시니라."(창8:22)

아울러 궁창 아래의 물들도 노아의 홍수 이후 그 균형이 깨져, 인간의 생존에 필수불가결한 물들로 인해 오히려 인간의 생존이 위협받는 경우들이 계속해서 발생해 왔다. 그래서 고대로부터 댐을 건설하고 관개수로를 만드는 등 과학적 지식과 기술을 이용해 물을 다스려 보고자 하였고 이러한 가운데 수문학도 발달하게 되었다.

6. 수문학(水文學, hydrology)

모든 수문학에서 언급하고 있는 핵심적인 사실은 수증기, 구름, 비 (또는 눈), 강 (또는 호수), 바다로 이어지는 물의 순환(hydrologic cycle)인데 이러한 체계는 수세기 전에야 과학자들에 의해서 충분히 이해되기 시작했지만 성경에서는 항상 추측이 가능하였었다.

먼저 증발에 의해 물이 바다로부터 들어올려져서 바람에 의해 육지로 이동되는 것을 생각해 보자. 세계의 주요한 기체의 운동들은 거의 항상 똑같은 식으로 순환함으로써 염분과 불순물이 제거된 물 곧 생명을 공급하는 물을 내륙지방으로 운반하게 된다. 우리가 매년 여름이면 경험하는 각종 태풍들을 통해 알 수 있듯이 하나님께서 땅 끝 곧 태평양 바다에서부터 수증기가 올라오게 하시며 비와 번개들을 만드시고 자신의 곳간에서 바람을 내셔서 우리나라에게까지 도달하게 하신다.

> "그분께서 땅 끝에서부터 수증기가 올라오게 하시며 비와 함께 번개들을 만드시고 자신의 곳간에서 바람을 내시는도다."(렘10:13하)

그리고 태풍들은 약 삼천 년 전에 씌어 진 전도서에 나온 대로 자기의 순환회로를 따라 우리나라를 통과하여 다시 바다로 돌아가 버린다.

> "바람은 남쪽으로 가다가 북쪽으로 돌이키며 계속해서 빙빙 돌다가 자기의 순환회로에 따라 되돌아가고"(전1:6)

둘째는 구름이 형성된 후에 물 입자들은 외견상 중력 법칙에 무관하게 하늘에 남아 있게 된다는 사실이다. 이에 대해 약 사천 년 전의 사람 엘리후가 욥에게 다음과 같이 질문한 것은 매우 적절하였다.

> "구름이 균형을 잡는 것과 지식에 있어 완전하신 그분의 놀라운 일들을 그대가 아느냐?"(욥37:16)

현대 과학의 모든 지식을 동원하더라도 이 질문에 대한 대답은 여전히 완전하지 못하다. 그러나 욥의 진술은 매우 놀랍기만 하다.

> "물들을 자신의 빽빽한 구름 속에 싸매시나 물들 밑의 구름이 찢어지지 아니하느니라."(욥26:8)

셋째로 구름 속의 작은 물 입자들은 조건들이 맞을 때 상승기류의 역동적인 힘을 극복할 수 있는 충분한 크기가 되어 비로 땅에 떨어지게 된다. 욥과 솔로몬은 이미 오래 전에 이러한 사실에 대해서 다음과 같이 설명하고 있다.

> "그분께서 물을 뿌리심으로 빽빽한 구름을 지치게 하시고"(욥37:11)
> "구름들이 비로 가득하면 땅 위에 쏟아져 자기 자신을 비우며"(전11:3)
> "이는 그분께서 땅 끝까지 살피시고 온 천하를 보시며 바람들의 무게를 정하시고 물들을 되어 무게를 정하시기 때문이라. 그분께서 비를 위하여 법령을 정하시고 천둥이 칠 때 번개를 위하여 길을 정하셨으니"(욥28:24-26)

그런데 위 구절들 중 '바람들의 무게를 정하시고'란 표현은 '바람' 혹은 '공기'가 무게를 갖는다는 것인데 이는 '지구 표면의 단위 면적 위에 있는 공기 기둥의 무게' 곧 '기압'을 일컫는 말로서 사천 년 후에나 인간이 알게 될 지식을 예견한 하나님의 말씀이다.

마지막으로 비가 땅에 떨어진 후 일부분은 땅 속에 스며들어 지하수가 되지만 대부분은 가까운 지표배출구로 천천히 흘러가 강으로 들어가게 된다. 그런데 흥미로운 것은 하강하는 물의 대부분은 육지에 있는 물의 증발로부터 오는 것이 아니라고 하는 사실이다. 오래 전 미국 농무성에서 대기권 상층부의 온도, 압력, 습도, 바람 등을 측정하여 밝혔듯이 해양지역 곧 바다가 대륙에 습기를 제공하는 유일한 근원이 된다.

그런데 이미 삼천 년 전에 솔로몬은 전도서에서 바람의 순환에 대하여 훌륭한 과학적 진술을 한 후에 곧이어 최근에야 밝혀진 위와 같은 물의 순환에 대해 놀라우리만치 정확한 묘사를 하고 있다.

> "모든 강은 바다로 흐르되 여전히 바다를 채우지 못하며 강들은 자기가 나온 곳으로 되돌아가느니라."(전1:7)

7. 휴거 이후(after the rapture)

노아의 홍수 이후 이 세상에는 수많은 전쟁과 재난 등을 통해 다양한 격변이 있어 왔지만 교회가 공중들림(携擧, rapture) 받은 후 여섯 번째 봉인(계6:12-17)이 열릴 때는 우리가 이제껏 경험하지 못했던 엄청난 물리적인 변화가 발생한다. 곧 요엘 2장 30, 31절, 마태복음 24장 29절, 이사야 13장 9-11절 등을 통해 알 수 있듯이 해가 어두워지고 달이 빛을 내지 않으며 하늘에서 별이 떨어지는 상황이 초래된다. 이때 일어나는 천재지변은 너무나 끔찍해서 사람들은 어린양의 진노로부터 피하기 위해 산들과 바위에게 자신들 위로 숨겨 달라고 외칠 정도이다(계6:16).

특히 수문학적 관점에서 볼 때 우리의 상상을 초월하는 대격변이 일어나게 된다. 즉 요한계시록 11장 1-14절에서 '두 증인'이라고 기록된 두 사람이 예언하는 것을 보게 되는데 이들 중 한 사람은 '하늘을 닫고 예언하는 동안 비를 오지 못하게 하는 권세'를 지니고 있다. 이 증인은 '주의 크고 무서운 날'에 오기로 된 엘리야(말4:5-6)로서 그는 무려 42개월 동안 하늘을 닫는 권세를 가지게 된다(계11:3-6).

아울러 여섯 번째 대접(계16:12)이 큰 강 유프라테스에 부어지니 대언자 이사야가 예언(사11:15,16)한 대로 강물이 말라버려서 동방의 왕들(아마도 인도, 중국, 일본 등)의 길이 예비가 되는데 이들은 군대를 이끌고 이 강을 건너서 아마겟돈으로 모여들게 된다.

즉 대환난(the great tribulation)기에는 천체의 대격변과 함께 이 지구상에 존재하던 엄청난 물들이 대기권 위로 올라가는 수문학적 대격변이 초래되어 노아의 홍수 이전처럼 궁창 위의 물들이 다시 존재할 수 있게 된다.

그리하여 대환난이 끝나고 예수님이 지상재림하신 후 천년왕국이 시작되면 지구 전체가 리모델링되어 노아의 홍수 이전과 같은 생태계로 변화될 것이다. 특히 이른 비와 늦은 비가 넘치게 주어질 뿐 아니라 성전

에서 흘러나오는 수원(水原)으로 많은 강과 하천들이 생겨 풍성한 수확
이 가능케 될 것이다(욜3:18; 암9:13; 사35:1; 55:13; 시67:6; 욜2:25-26).

아울러 성소에서 흘러나오는 '새 강'은 병을 치유해 줄 것이며, 강둑
에서 자라는 나무 잎사귀들은 '약'으로 사용될 것이기 때문에 인간은
다시금 천 년 동안 살 수 있게 된다(겔47:12).

8. 생수(生水, the living water)

그리고 천년왕국 끝에 사탄의 마지막 반역이 실패한 후 새 하늘과 새
땅이 영원히 펼쳐지게 되는데 하나님과 어린양의 왕좌로부터 수정같이
맑은 생명수(water of life)의 정결한 강이 흘러나와 생명나무에게까지
이르게 될 것이다(계22:1,2).

> "또 그가 하나님과 어린양의 왕좌로부터 흘러나오는 수정같이 맑은
> 생명수의 정결한 강을 내게 보여 주니라. 그 도시의 거리 한가운데
> 와 강의 양쪽에는 생명나무가 있어서 그것이 열두 종류의 열매를 맺
> 고 달마다 자기 열매를 냈으며 그 나무의 잎사귀들은 그 민족들을
> 치유하기 위하여 있더라."(계22:1, 2)

우리 신체의 2/3 이상은 물로 되어 있다. 그리고 육체의 생명은 피 안
에 있는데(the life of the flesh is in the blood, 레17:11) 피는 물을 기반
으로 하여 이루어진다. 즉 피의 혈청은 90% 이상이 물이다. 따라서 노

아 시대에 홍수로 물이 쏟아졌을 때와 같이 피가 쏟아질 때 사망이 발생한다. 그렇지만 놀랍게도 이천 년 전 피와 물이 십자가 밑에 쏟아졌을 때 '생수' 곧 '영생하도록 솟아나는 물'이 생기게 되었다(마26:28; 요 4:10,14; 19:34,35).

> "예수님께서 그녀에게 대답하여 이르시되, 네가 만일 하나님의 선물과 또 네게 마실 물을 달라 하는 이가 누구인 줄 알았더라면 그에게 구하였을 것이요, 그가 네게 생수(living water)를 주었으리라." (요4:10)
>
> "예수님께서 그녀에게 대답하여 이르시되, 누구든지 이 물을 마시는 자는 다시 목마르려니와 누구든지 내가 주는 물을 마시는 자는 결코 목마르지 아니하리니 내가 주는 물은 그 사람 속에서 솟아나는 우물이 되어 영존하는 생명(everlasting life)에 이르게 하리라."(요4:13,14)

앞서 살펴본 것처럼 인간의 생명에 있어서 물이 차지하는 막대한 중요성 때문에 하나님께서는 영원한 생명과 연결된 중요한 영적인 진리들을 묘사하기 위하여 물의 형상을 사용하시는 것이라 생각된다. 다시 말해서 물리적 물이 물리적 생명에 필수적이듯이 영적인 생명도 생수(living water)를 필요로 한다. 즉 이 생수는 주 예수 그리스도에 의해서만 주어질 수 있는 것으로 마시는 자마다 다시는 '결코 목마르지 않을' 물이며 동시에 예수님을 구주로 모시는 자에게 주어질 성령님인 것이다(요4:19,14; 7:37-39).

> "그 명절의 끝 날 곧 큰 날에 예수님께서 서서 외쳐 이르시되, 누구든지 목마르거든 내게로 와서 마시라. 나를 믿는 자는 성경기록이 말한 것 같이 그 배에서 생수(living water)의 강들이 흘러나오리라, 하시니라. (그러나 이것은 자기를 믿는 자들이 받을 성령을 가리켜 말씀하신 것이니)"(요7:37-39상)

9. 마무리

그렇다면 독자 여러분들께서는 '결코 목마르지 않을' 물을 마시고 싶지 않으신지요?

사람은 누구나 다 죄인이고(롬3:10,12,23) 죄로 인한 형벌은 영원한 죽음이지만(롬6:23; 히9:27) 하나님께서는 우리의 죄 문제를 해결하기 위해 예수 그리스도를 예비하셨습니다(벧후3:9; 롬5:8; 요3:16).

> "하나님께서 세상을 이처럼 사랑하사 자신의 독생자를 주셨으니, 이것은 누구든지 그를 믿는 자는 멸망하지 않고 영존하는 생명을 얻게 하려 하심이라."(요3:16)

이 사실을 믿고 예수님을 당신의 구주로 영접하시기 바랍니다. 그러면 구원받고 영원히 목마르지 않는 생수(生水, the living water)를 마실 수 있습니다(히3:15; 롬10:9,10,13; 요4:13,14; 7:38).

"그러므로 네가 만일 네 입으로 주 예수님을 시인하고 하나님께서 그분을 죽은 자들로부터 일으키신 것을 네 마음속으로 믿으면 구원을 받으리니, 이는 사람이 마음으로 믿어 의에 이르고 입으로 시인하여 구원에 이르기 때문이니라."(롬10:9,10)

"이는 누구든지 주의 이름을 부르는 자는 구원을 받을 것임이라."(롬10:13)

"나를 믿는 자는 성경 기록이 말한 것 같이 그의 배에서 생수의 강들이 흘러나오리라, 하시니라."(요7:38)

성경 속 출혈

1. 들머리

성경은 '하나님의 말씀'이다(딤후3:16,17; 벧후1:21).

> "모든 성경 기록은 하나님의 영감으로 주신 것으로 교리와 책망과 바로잡음과 의로 교육하기에 유익하니"(딤후3:16)
>
> "대언은 옛적에 사람의 뜻으로 말미암아 나오지 아니하였고 오직 하나님의 거룩한 사람들은 성령님께서 자기들을 움직이시는 대로 말하였느니라."(벧후1:21)

하나님의 말씀은 '살아 있는 인격체' 이다(요1:1; 히4:12).

> "처음에 말씀이 계셨고 말씀이 하나님과 함께 계셨으며 말씀이 하나님이셨더라."(요1:1)
>
> "하나님의 말씀은 살아 있고 권능이 있으며 양날달린 어떤 겁보다도 예리하여"(히4:12상)

따라서 모든 생명체가 혈액 순환을 통해 생명현상을 나타내는 것과 마찬가지로 성경도 살아 있는 하나님의 말씀이기에 '피의 순환'(blood circulation)이 그 속에서 끊임없이 이뤄지고 있다(레17:11상).

> "이는 육체의 생명이 피에 있기 때문이니라."(레17:11상)

그러나 우리가 일상의 삶에서 늘 확인하는 바이지만, '피 흘림'(出血, bleeding)이 있기 전에는 그 생명체가 피를 통해 생명력을 유지하고 있는 사실이 겉으로 드러나지 않는다.

성경은 그 첫 번째 책인 창세기부터 마지막 책인 요한계시록에 이르기까지 피 흘림으로 넘쳐나고 있다. 즉 구약은 짐승의 피, 신약은 예수 그리스도의 피로 흥건히 젖어 있다. 그래서 살아 있는 하나님의 말씀인 성경은 스스로를 '피의 책'(血書)으로 선언하는 것이다(계19:13).

> "또 그분께서는 피에 담근 옷을 입으셨는데 그분의 이름은 하나님의 말씀이라 일컬음을 받더라."(계19:13)

그렇다면 왜 하나님께서 이토록 성경 전체를 통해 피 흘림이 있도록 하셨는지 성경 속 피 흘림의 역사를 살펴보면서 그 의미를 한번 확인해 보도록 하자.

2. 가죽옷

성경에서 최초로 피 흘림에 대해 기록하고 있는 곳이 창세기 3장 21절이다.

> "주 하나님께서 또한 아담과 그의 아내에게 가죽옷을 만들어 입히시니라."(창3:21)

아담과 이브가 선악을 알게 하는 나무에서 나는 것을 먹고 죄를 지은 후 그들은 수치(罪)를 가리기 위해 무화과나무 잎으로 앞치마를 만들었다(창3:7).

> "그들 두 사람의 눈이 열리매 그들이 자기들이 벌거벗은 줄을 알고는 무화과나무 잎을 함께 엮어 자기들을 위해 앞치마를 만들었더라."(창3:7)

그러나 하나님께서 인간의 죄를 가리기 위해 행하신 방법은 인본주의의 산물인 무화과나무 잎이 아니라 가죽(皮) 옷(衣)이었다. 왜냐하면 '가죽옷'(裘)은 생명체인 짐승이 피를 흘려 대신 죽음으로써만 얻을 수 있는 것이었기 때문이었다.

이와 같은 사실은 한자어 '처음 초(初)' 자를 파자해 보면 명확히 드러난다.

처음 초(初) = 옷 의(衣) + 칼 도(刀)

'옷 의(衣)' 자는 갑골 문자로 보면 그 원래의 의미를 더 잘 알 수 있다. 왼쪽에 사람이 있고 오른 쪽에 사람의 갈비뼈에서 나오는 또 한 사람이 있는데 (창세기 3장 7절에 묘사된 것처럼) 이 '두 사람'(仁)의 형체를 '덮고 있는' (亠) 모습이다.

칼 도(刀)는 누구나 쉽게 그 모양으로 알 수 있듯이 '피를 흘리게 하는' 칼을 의미한다.

그래서 하나님께서 인간을 대신하여 다른 생명체인 짐승(羊)을 칼(刀)로 희생(犧)시켜 피를 흘려 죽임으로써 죄를 가려주는 가죽(皮) 옷(衣)을 마련해주셨는데 이것이 바로 구원(裘)의 시작(初)인 것이다(히 9:22).

> "율법에 따라 거의 모든 것이 피로써 깨끗하게 되나니 피흘림이 없은즉 사면이 없느니라."(히9:22)

즉 하나님께서 친히 가죽옷을 만들어 입히신 것은 죄에는 반드시 죽음이란 대가가 필요하기 때문에 누군가가 대신 피를 흘려 대속(代贖)하는 죽음을 통해 구원이 이뤄짐을 보여주시고자 함이었다(롬6:23).

> "죄의 삯은 사망이나 하나님의 선물은 예수 그리스도 우리 주를 통해 얻는 영원한 생명이니라."(롬6:23)

그러므로 이 가죽옷은 예수 그리스도의 보혈(寶血)의 예표로서 인간을 향한 하나님의 은혜의 경륜의 시작(初)이었던 것이다(벧전1:18,19).

> "너희가 알거니와 너희 조상들로부터 전통으로 물려받은 헛된 행실에서 너희가 구속(救贖)받은 것은 금이나 은같이 썩을 것으로 된 것이 아니요, 오직 흠도 없고 점도 없는 어린양의 피 같은 그리스도의 보배로운 피로 된 것이니라."(벧전1:18,19)

3. 구원

다시 한 번 창세기 3장 21절을 보도록 하자.

> "주 하나님께서 또한 아담과 그의 아내에게 가죽옷을 만들어 입히시니라."(창3:21)

이미 살펴본 대로 하나님께서 처음(初)으로 짐승에게 칼(刀)을 대어 피를 흘려 죽임으로써 만들어 입히신 옷(衣)은 '가죽옷'(裘)이었다.

그런데 '가죽옷'을 뜻하는 한자어는 놀랍게도 '갖옷 구'(裘)로 표기가 된다. 중국 후한의 경서학자이자 문자학자인 허신(許愼, AD 58~147년경)의 설문해자(說文解字)에서 '갖옷 구'(裘)를 피의야(皮衣也)로 풀이하고 있기 때문에〈'갖옷 구'(裘) = 가죽(皮)의 옷(衣)〉이라는 등식이 성립한다.

아울러 (가죽옷은 털이 밖에 있도록 만들어지는데) 털 무늬를 상형한 글자인 '갖옷 구'(裘) 자는 갖옷으로 밑에 있는 두 사람을 덮어서 가려주고 있는 모습으로 읽혀진다. 즉 '갖옷 구'(裘)는 두 사람을 구원한다는 뜻과 일맥상통하는 것으로〈'갖옷 구'(裘) = 구할 구(求)〉라 할 수 있다.

따라서 하나님의 구원의 계획은 보다 명확해진다. 인간이 도모한 '무화과나무 잎'을 벗어버리고 하나님께서 고안하신 '가죽옷'을 입어야만 우리는 구원에 이르게 되는 것이다(슥3:4; 사61:10).

"그분께서 자기 앞에 서 있던 자들에게 응답하여 이르시되, 그에게서 그 더러운 옷을 벗기라, 하시고 또 그에게 이르시되, 보라, 내가 네 불법을 네게서 떠나게 하였으니 이제 의복을 바꾸어 네게 입히리라, 하시기에"(슥3:4)

"내가 주를 크게 기뻐하며 내 혼이 내 하나님을 기뻐하리니 이는 마치 신랑이 장식으로 자기를 꾸미고 신부가 보석으로 자기를 단장하는 것 같이 그분께서 구원의 옷으로 나를 입히시고 의의 겉옷으로

나를 덮으셨기 때문이라."(사61:10)

4. 제사

하나님께서 친히 만들어주신 가죽옷을 입고 있었던 아담과 이브는 하나님의 구원의 방법을 따라 피 흘림(bleeding)의 제사(祭祀)를 드렸을 것이다. 그리고 다음 세대인 가인이나 아벨도 처음에는 하나님께서 친히 보여 주셔서 그들의 부모인 아담과 하와가 그대로 행하며 자기들에게 전수해 준 하나님의 방법을 따라 피 헌물(blood offering)로 제사를 드렸을 것이다.

그러나 세월이 흐르자 가인은 하나님의 말씀을 떠나 자신을 드러낼 수 있고 인간의 관점에서 더 멋있게 보이는 인본주의 방법으로, 곧 자기의 손으로 노력한 결과인 땅의 소산으로 제물을 삼아 하나님께 드리기 시작했다(창4:3).

> "시간이 흐른 뒤에 가인은 땅의 열매 중에서 주께 헌물을 가져왔고"
> (창4:3)

반면에 아벨은 계속해서 약속의 말씀에 따라 믿음을 갖고 '피 헌물'인 양의 첫 새끼와 그 기름을 제물로 드렸다(창4:4상).

> "아벨도 자기 양 떼의 첫 새끼들과 그것들의 기름 중에서 가져왔는
> 데"(창4:4상)

즉 가인의 제물은 죽은 종교적 헌물이었지만 아벨의 제물은 영과 진리로 하나님을 경배하며 드리는 믿음의 헌물이었다. 그러므로 하나님께서 가인의 제사는 받지 아니하시고 아벨의 제사를 받으셨던 것이다 (창4:4하,5상; 히11:4).

> "주께서 아벨과 그의 헌물에는 관심을 가지셨으나 가인과 그의 헌물에는 관심을 갖지 아니하셨으므로"(창4:4하,5상)
>
> "믿음으로 아벨은 가인보다 더욱 뛰어난 희생물을 하나님께 드리고 그것으로 말미암아 자기가 의롭다는 증거를 얻었으니 하나님께서 그의 예물들에 대하여 증언하시느니라. 그가 죽었으나 믿음으로 여전히 말하고 있느니라."(히11:4)

5. 그리스도의 피 흘리심

다시 말해 아벨은 하나님의 구원하심을 믿고 '어린양 되신 그리스도'를 예표 하는 '양의 첫 새끼'를 잡아 그 피를 흘리며 하나님께 나아갔기에 하나님께서는 아벨의 제사를 기뻐 받으시게 되었던 것이다(요1:29).

하나님은 인류 역사를 통해 이 사실을 더욱 분명히 계시하셨다. 구약에 기록되어 있는 이스라엘의 역사 속에서 이스라엘 백성이 하나님께 나아가고자 할 때에는 반드시 양을 속죄 제물로 바쳐 그 피가 흘려지도록 했던 것을 우리는 잘 알고 있다.

물론 하나님께서는 어느 한 족속에게 국한된 것이 아니라 온 인류에게 이 방법을 계시하셨다. 노아의 장남인 야벳의 후손이 중국 땅에 들어와 살면서 삼황오제(三皇五帝) 시대를 열었을 때 황제의 사관인 창힐(蒼吉頁)이 만든 상형문자인 한자 속에도 하나님께서 열납하실 수 있는 제사의 방법이 잘 나타나 있다.

한자어 제(祭)를 살펴보면 '고기 육(肉) + 또 우(又) + 보일 시(示)'와 같이 셋으로 구분되는데 양의 고기(肉)를 잡아 또 다시(又) 하나님(示: 허신은 이 '보일 시(示)'자를 신사야(神事也)라고 하였다. 즉 '하나님을 섬길 시(示)'라는 뜻이다.)께 드리는 것이 진정한 제사임을 알 수 있다.

아울러 우리가 하나님 보시기에 의(義)롭다고 인정받는 것도 한자어 의(義)를 살펴볼 때 그 구체적인 방법을 잘 알 수 있게 된다. 의(義)는 '양 양(羊) + 손 수(手) + 창 과(戈)'로 구성되어 있는데 곧 어린양(그리스도)을 손으로 잡고 창으로 찌를 때 흘러나오는 피(血)로써만 모든 죄를 씻음 받고 의롭게 될 수 있는 것이다(롬5:9; 히9:12; 요일1:7하).

> "우리가 아직 죄인이었을 때에 그리스도께서 우리를 위해 죽으심으로 하나님께서 우리를 향한 자신의 사랑을 당당히 제시하시느니라. 그러면 이제 우리가 그분의 피로 말미암아 의롭게 되었은즉 더욱더 그분을 통해 진노로부터 구원을 받으리니"(롬5:8,9)
>
> "염소와 송아지의 피가 아니라 자기 피를 힘입어 단 한 번 거룩한 곳에 들어가사 우리를 위하여 영원한 구속을 얻으셨느니라."(히9:12)

> "또 그분의 아들 예수 그리스도의 피가 모든 죄에서 우리를 깨끗하
> 게 하느니라."(요일1:7하)

6. 예수님의 피 흘리심

그렇다. 우리는 오직 그리스도이신 예수님의 피를 통해서만 모든 죄
를 깨끗이 씻음 받고 영원한 구속을 얻을 수 있는 것이다.

그렇다면 예수님께서 공생애 기간 동안 언제 어떻게 피를 흘리셨는
지 구체적으로 살펴보도록 하자.

첫째는 예수님께서 태어난 지 8일 만에 할례를 받으심으로 피를 흘리
셨다(눅2:21). 하나님께서 아브라함과 맺은 언약의 증표로 예수님께서
받으신 이 할례는 영적으로 새 창조(new creation)를 의미하는 8일에
시행되었는데 이 날은 혈액응고인자인 프로트롬빈(prothrombin) 농도
가 출생 후 가장 높은 시기이기도 하다.

둘째는 예수님께서 최후의 만찬 후 유대인들에게 잡히시기 전 겟세
마네 동산에서 기도하시며 피를 흘리셨다(눅22:39-46; 마26:36-46).

> "그분께서 고뇌(agony)에 차서 더욱 간절히 기도하시니 땀이 큰 핏
> 방울같이 되어 땅에 떨어지더라."(눅22:44)

이것은 의학적으로 극심한 스트레스나 신체기관의 쇼크가 있을 때 혈
액성의 땀이 분비되는 혈한증(血汗症, hemohidrosis, hematidrosis)인데

우리는 이를 통해 예수님께서 인류의 모든 죄를 담당하시려는 그 영적 고통이 얼마나 컸던 것이지 잘 알 수 있다(요일4:10; 고후5:21; 롬5:9,10).

> "하나님께서 죄를 알지도 못하신 그분을 우리를 위하여 죄가 되게 하신 것은 우리로 하여금 그분 안에서 하나님의 의가 되게 하려 하심이라."(고후5:21)

사실 겟세마네에서 혈한증을 보일 정도로 간절하셨던 예수님의 기도는 십자가에서 승리의 원동력이 되었을 것이다.

7. 십자가의 보혈

셋째로 예수님은 채찍질을 당하심으로 피를 흘리셨다(마27:26; 막15:15; 요19:1; 사53:3). 몇 번이나 채찍을 맞으셨는지 성경에는 언급되어 있지 않지만 당시의 관행으로 보아 예수님께서는 끝에 짐승의 뼛조각이나 납 같은 금속이 달린 채찍 때문에 근육과 뼈가 핏덩어리가 되어 다 드러날 정도로 맞으셨을 것이다.

넷째로 예수님은 가시나무 관을 머리에 쓰시고 피를 흘리셨다(마27:28-31; 막15:15-20; 요19:2-16). 예수님께서 머리에 쓰셨던 가시나무 관은 머리 전체를 덮었으며 각 가시의 길이는 2.5~5cm 정도였을 것으로 추정된다. 의학적으로 잘 알려졌듯이 머리는 혈관이 잘 분포된 부위인데 로마 군인들이 계속해서 예수님의 머리를 때렸기 때문에 이로 인해 엄청난 출혈이 발생했을 것이다.

그리고 예수님에게 가시나무 관을 씌운 후 로마 군인들은 또 예수님에게 자주색 긴 옷을 입혔는데 이로써 예수님께서 온 세상의 죄를 지니신 모습이 확연히 드러나게 되었다. 왜냐하면 자주색(scarlet)은 죄(sin)를 상징하고, 가시(thorn)는 아담의 타락 후 저주(curse)의 결과로 생긴 것이기 때문이다(사1:18; 창3:17,18).

다섯째로 예수님께서는 손과 발에 못이 박히며 피를 흘리셨다(마27:35; 막15:24,25; 눅23:33; 요19:16,17; 시22:16,17). 그 당시의 십자가형에는 길이가 17~18cm, 지름이 1cm 정도의 못이 사용된 것으로 추정이 된다. 그런데 이렇게 큰 못들이 요골과 척골 사이나 족관절 사이에 박히므로 뼈가 하나도 꺾이지 아니하리라는 성경기록이 성취되면서 상당한 출혈이 생기게 되었을 것이다(요19:36; 출12:46; 민9:12; 시34:20).

여섯째로 예수님께서 숨을 거두신 후 로마 군인 하나가 창으로 예수님의 옆구리를 찔렀을 때 예수님께서 피를 물과 함께 흘리셨다(요19:28-36). 아마도 폐 속에 차 있던 물(pleural fluid)과 심장의 우심실에 있던 피(blood)가 엄청나게 쏟아져 나왔을 것이다.

이처럼 한 방울도 남김없이 다 흘려진 예수님의 피로 인해 예수님이 달리신 십자가는 완전히 피로 물든 십자가로 변해 버렸고, 대신 우리는 죄 사함과 구원의 복을 얻을 수 있게 되었다(벧전1:18,19).

> "너희가 알거니와 너희 조상들로부터 전통으로 물려받은 헛된 행실에서 너희가 구속(救贖)받은 것은 금이나 은같이 썩을 것으로 된 것

이 아니요, 오직 흠도 없고 점도 없는 어린양의 피 같은 그리스도의 보배로운 피로 된 것이니라."(벧전1:18, 19)

8. 참수

그리하여 예수님의 보혈(寶血)을 받아들이는 자는 곧 예수님을 구원자와 주님으로 영접하는 자는 누구든지 구원받아 부활하신 예수님이 계시는 천국에 들어가는 것이다. 그런데 뒤늦게 7년 환난기에 들어가서 구원 받은 성도들의 경우에는 특별한 죽음을 겪게 될 수 있다(계20:4하).

"또 내가 보니 예수님의 증언과 하나님의 말씀으로 인하여 목 베인 자들의 혼들이 있는데 그들은 짐승과 그의 형상에게 경배하지도 아니하고 자기들의 이마 위에나 손 안에 짐승의 표를 받지도 아니한 자들이더라. 그들이 살아서 그리스도와 함께 천 년 동안 통치하되"(계20:4하)

사도 요한은 대환난 기간 동안 믿음을 지키다가 순교한 성도들을 소개하면서 '목 베인 자들의 혼들'이라는 표현을 사용하고 있다. 대환난 동안 짐승의 표를 거부하고 신앙의 정절을 지키는 성도들 가운데 많은 이들이 '목 베임'(斬首)을 통한 순교에 참여할 것임을 알려주는 말씀이다.

그런데 왜 하필 적그리스도의 세력들이 성도들을 처형하면서 수많은 사형방식 중에서 '목 베임'(斬首刑, 斷頭刑)을 고집하는 것일까?

이는 아마도 적그리스도가 공개적인 단두형(斷頭刑)을 통해 대중들에게 극도의 공포감을 주입시키려 하기 위해서일 것이다. 아울러 인신제사의 일환으로서 이 방법을 택하는 것일 수도 있겠다. 또한 보다 실질적인 이유는 부족한 식량을 보충하기 위해서일 수도 있다.

주지하다시피 대환난 기간 동안 하나님이 내리신 재앙으로 인해 이 땅에 사는 사람들은 모두 심각한 식량난을 겪게 될 것이다(계6:5-8). 이 부족한 식량을 보충하기 위해 공개 처형된 사람들의 시신을 판매하는 '인육시장'이 등장할 가능성이 크다.

가축을 도살할 때 제일 먼저 하는 일이 바로 '목을 따서' 피를 빼는 것이다. 이를 방혈(放血, bleeding)이라고 하는데, 고기에서 피를 빨리 빼내지 않으면 이 피가 부패하면서 고기 자체가 쉽게 상할 수 있기 때문이다. 식품과학기술대사전을 보면 "도살시 '경동맥과 경정맥을 절개하여' 방혈을 하는데 방혈이 나쁘면 근육 중에 혈액의 잔류가 많아 식육의 품질을 저하시킨다."고 되어 있다.

그래서 적그리스도의 세력들이 성도들을 처형하면서 단두형을 선택하는 것은 시신에서 피를 효과적으로 빼내 그 인육을 사용하기 위한 과정일 수 있다는 것이다.

이것이 성경에서 마지막으로 기록된 피 흘림의 사건이다(계20:4).

9. 초청

사랑하는 독자 여러분, 이제 예수님의 피를 마음에 받아들여 죄 사함과 구원을 얻고 싶지 않으십니까? 그리하여 사탄의 권세로부터 승리하는 삶을 살고 싶지 않으십니까?

그렇다면 다음과 같은 기도를 진심으로 하나님께 드리시기 바랍니다.

"온 우주만물을 창조하신 하나님 아버지, 저는 제가 거룩하신 하나님 앞에서 죄인이며, 영원한 지옥의 형벌을 받아야 마땅한 존재임을 알게 되었습니다. 그리고 저를 사랑하시는 하나님께서 예수 그리스도를 이 세상에 보내셔서 죄인인 저를 대신해서 모든 형벌을 받으시고 보배로운 피를 흘려주신 사실도 알게 되었습니다.

부디 저를 불쌍히 여기시며 저의 모든 죄를 용서해 주시기 바랍니다. 또한 저를 도와주셔서 이 죄들을 미워하여 완전히 떨쳐버리고 새로운 삶을 살 수 있게 도와주시기 바랍니다. 저는 구원받기를 원하나 저의 노력이나 방법으로는 구원받을 수 없음을 인정합니다. 저의 죄를 제거하기 위해 예수 그리스도를 보내주시고 예수님께서 저를 위해 십자가에서 무죄한 피를 흘려 돌아가신 뒤 사흘 만에 부활하셨으니 하나님의 은혜에 진심으로 감사를 드립니다.

이제 저는 이 예수님을 신뢰하며 그분께서 부활하신 것을 믿으며 저의 구원자와 주님으로 모셔들입니다. 이제부터 영원토록 주님을 사랑하고 주님의 명령에 순종하며 다른 이들을 예수님께로 인도하고 오직 보혈의 능력으로 살아가도록 도와주시기 바랍니다.

다시 한 번 저를 영원한 지옥의 형벌로부터 구원해 주시고 천국과 영원한 생명을 주신 은혜에 감사를 드리며 이 모든 것을 주 예수님의 이름으로 기도합니다. 아멘."

10. 마무리

진심으로 이렇게 기도하셨다면 거짓말하실 수 없는 하나님의 다음과 같은 약속을 신뢰하고 주위의 좋은 크리스천들에게 당신이 구원받은 사실을 알리십시오. 그리고 성경대로 믿고 가르치는 교회를 찾아가십시오. 당신 안에 들어오신 성령님께 당신의 새로운 삶을 인도해 주시도록 기도하십시오. 그분께서 길을 보여주실 것입니다. 이 시간 이후 당신의 삶은 어제까지의 삶과는 전혀 다른 새로운 삶이 될 것입니다.

> "너희가 다 그리스도 예수님을 믿는 믿음으로 말미암아 하나님의 자녀들이 되었나니"(갈3:26)
>
> "내가 그들에게 영원한 생명을 주노니 그들이 결코 멸망하지 않을 것이요, 또 아무도 내 손에서 그들을 빼앗지 못하리라."(요10:28)

아울러 예수 그리스도의 보혈로 우리가 죄와 마귀의 세력을 물리칠 수 있는 능력을 갖게 된 것을 늘 기억하십시오. 매일매일 승리의 삶을 사실 수 있을 것입니다.

> "그들이 어린양의 피와 자기들의 증언의 말로 그를 이기었으니 그들은 죽기까지 자기 생명을 사랑하지 아니하였도다."(계12:11)

"또 그분의 아들 예수 그리스도의 피가 모든 죄에서 우리를 깨끗하게 하느니라."(요일1:7)

5

5부 _ 건강과 생명

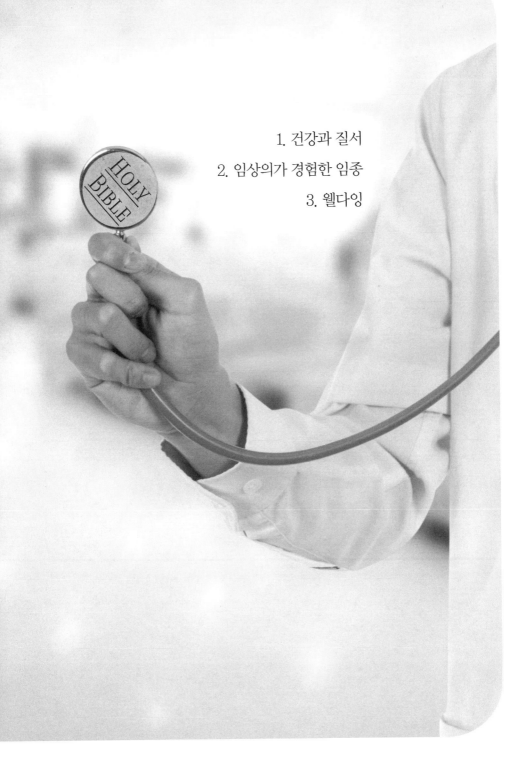

건강과 질서

인류역사상 가장 참혹한 세계대전을 두 번이나 치르고 난 뒤 세계 '평화와 안전'을 수호하기 위해 국제연합(UN)이 설립되었다(살전5:3). 그리고 1948년 4월 7일 국제연합의 산하기구로서 인류의 건강과 복지를 향상시키기 위한 세계보건기구(WHO)가 창립되었다.

WHO는 그 창립헌장에서 건강이란 '단순히 질병이나 허약함이 없는 상태뿐만 아니라 신체적, 정신적, 그리고 사회적으로 웰빙(well-being, 안녕, 참살이)인 상태'를 일컫는다고 하였다.

그리고 창립 후 반세기가 지난 1998년, WHO 집행이사회가 건강의 정의에 영적 요소를 추가하자고 제안하였지만 당시 본 회의에서는 인준을 받지 못하였다. 그러나 이후 미국의사협회(AMA)를 비롯하여 미국, 영국, 호주, 뉴질랜드, 브라질 등 세계 각국의 영향력 있는 여러 보건의료 단체에서 지속적으로 영적 요소가 건강에 중요함을 천명하여 왔기 때문에 건강의 정의가 '단순히 질병이나 허약함이 없는 상태뿐만 아니라 신체적, 정신적, 사회적, 그리고 영적으로 웰빙인 상태'라고 명문화될 것은 시간문제라 생각이 된다.

자, 그러면 이와 같이 WHO가 주창하는 건강의 정의에 따라 우리가 도모하는 건강의 메커니즘과 방법론을 구체적으로 살펴보도록 하자.

무엇보다도 건강하기 위해서는 질병이 없어야 한다는 사실이 가장 중요하다. 질병을 표현하는 영어 단어 중 하나가 'disorder'라는 것에서 알 수 있듯이 질병이란 질서(order)가 없어진 상태 곧 무질서(disorder)를 의미한다. 그래서 질서를 회복시키고 유지시키는 것이 무엇보다도 건강의 첩경이다.

하나님께서는 원래 인간을 '질병이 없는' 최상의 건강 상태로 창조하셨다. 즉 창조된 모든 것이 하나님의 창조질서 가운데 완벽한 유토피아를 이루며 존재하였다(창1:31).

그렇지만 안타깝게도 인간이 자유의지(free will)를 잘못 사용하여 죄(sin)를 지었고 이 결과 하나님의 창조질서(order)가 깨지면서 질병(disorder, entropy)이 생기게 되었다(창3:16-19).

그래서 모든 질병이 완전히 정복되기 위해서는 하나님의 창조질서가 완전히 회복되는 것이 전제가 되어야 한다. 그러나 주님께서 다시 오신 후 새 하늘과 새 땅이 펼쳐지기 전에는 의학이 아무리 발달한다 하더라도 질병은 어떤 형태로든 존재하게 된다(계21:1-4).

하지만 사랑의 하나님께서는 일정 기간 육신의 장막을 입고 이 세상을 살아가며 질병으로 고통을 받게 될 우리에게 '질서의 회복'을 추구하는 삶을 통해 건강과 장수의 복을 받게 될 것을 말씀하고 계신다.

그렇게 되려면 먼저 우리가 신체를 질서 있게 관리하며 신체적 웰빙을 이루어야 한다. 즉 땀을 흘리며 자신에 맞는 운동들을 꾸준히 하는 것이 중요하고, 절제된 식사와 함께 균형 있는 영양공급이 필요하다(창 3:19상; 살후3:10하; 시128:2; 잠23:2,3).

> "땅으로 돌아갈 때까지 네 얼굴에 땀을 흘려야 빵을 먹으리니"(창 3:19상)
>
> "누구든지 일하려 하지 아니하거든 먹지도 말라."(살후3:10하)
>
> "네 손이 수고한 것을 네가 먹으리라. 네가 행복하고 잘되리로다."(시128:2)
>
> "네가 만일 식욕에 빠진 자이거든 네 목에 칼을 둘지니라. 그의 맛 있는 음식들은 속이는 음식이니 그것들을 바라지 말라."(잠23:2,3)

둘째로, 부정적인 생각을 멀리하며 마음의 질서를 유지함으로써 정신적 웰빙을 이루어야 한다. 특별히 SNS가 발달한 오늘날 무질서한 의

사소통으로 마음에 상처를 주거나 받는 일이 없도록 하는 것이 매우 중요하다(잠12:18; 16:24; 17:22; 25:15)

> "칼로 찌르듯이 말하는 자가 있거니와 지혜로운 자의 혀는 건강하게 하느니라."(잠12:18)
>
> "즐거운 말들은 벌집 같아서 혼에게 달고 뼈에 건강을 주느니라."(잠16:24)
>
> "즐거운 마음은 약같이 좋으나 상한 영은 뼈를 말리느니라."(잠17:22)
>
> "오래 참음을 통해 통치자도 설득되나니 부드러운 혀는 뼈를 꺾느니라."(잠25:15)

셋째로, 주위 사람들과 개인적으로 의사소통을 잘하는 것에만 머물러서는 사회적 웰빙을 이룰 수 없다. 병역비리, 동성애합법화 등과 같이 사회공동체의 질서를 파괴하는 모든 요소들을 단호히 배격해야 한다(롬12:2; 고전13:6).

> "너희는 이 세상에 동화되지 말고 오직 너희 생각을 새롭게 함으로 변화를 받아 하나님의 그 선하시고 받으실 만하며 완전하신 뜻이 무엇인지 입증하도록 하라."(롬12:2)
>
> "불법을 기뻐하지 아니하고 진리를 기뻐하며"(고전13:6)

마지막으로, 질병이나 허약함이 없으며 또한 신체적, 정신적, 사회적 웰빙을 이루었다 하더라도 영적인 웰빙의 상태가 아니라면 궁극적으로 건강하지 못하다는 사실을 알아야 한다.

물론 WHO 집행이사회에서는 적그리스도의 통치를 위한 '신세계 질서'(New World Order)의 일환으로 건강의 정의에 '영적인 웰빙'을 포함시키려 했던 것이지만 진정한 영적 웰빙은 우리가 구원받아 악을 떠나는 것으로부터 시작이 된다(잠16;25; 3:7,8).

> "어떤 길은 사람이 보기에 옳으나 그것의 끝은 사망의 길들이니라."
> (잠16;25)
>
> "네 눈에 지혜롭게 되지 말지어다. 주를 두려워하며 악을 떠날지어다. 그것이 네 배꼽에 건강이 되며 네 뼈에 골수가 되리라."(잠3:7,8)

즉 우리가 오직 예수님을 구주로 영접하여 영적인 질서를 회복함으로 성령님께서 우리 안에 거하시게 된다면 우리는 언제든 그리스도의 부활에 참여케 되어 완전한 건강을 영원토록 이룰 수 있는 것이다(롬8:11).

> "그러나 만일 예수님을 죽은 자들로부터 일으키신 분의 영께서 너희 안에 거하시면 그리스도를 죽은 자들로부터 일으키신 분께서 너희 안에 거하시는 자신의 영을 통해 너희의 죽을 몸도 살리시리라."
> (롬8:11)

임상의가 경험한 임종

1. 들머리

병원이란 아픈 사람들이 찾아와 병을 고침 받고 건강을 회복하게 되는 곳만은 아니다. 멀쩡하게 두 발로 걸어들어 왔다가도 유명을 달리하게 되는 사람들이 적잖이 목격되는 장소이기도 하다.

의사로서 매일 병원생활을 하는 가운데 수많은 임종을 지켜볼 기회가 있었는데 이 글에서는 연령순에 따라 어린이, 청년, 장년, 노년의 특별한 임종들을 소개해보고자 한다.

2. 사례1

오래 전 필자가 서울대학교병원에서 전공의로 근무하던 때였다. 한 초등학교 여자 아이가 갑작스러운 두통을 호소하며 응급실에 내원하였다. 응급실에서 여러 가지 검사가 시행되고 있던 가운데 이 아이는 아빠에게 자기를 위해 기도해달라고 하였으나 당시 불신자였던 그 아이 아빠는 딸아이의 청을 들어주지 못하고 있었다.

응급 검사 결과 뇌부종이 심한 것으로 나타나 곧바로 병실로 입원한 그 아이는 병실에서도 계속 아빠에게 기도해달라고 하였는데 사실 알고 보니 이 아이는 엄마와는 교회에 다니고 있지만 아빠가 예수님을 믿지 않아 아빠를 전도하기 위해 아빠에게 기도해달라고 조르고 있었던 것이었다. 마침 이 아이와 같은 병실에 있던 보호자 중에 주일학교 선생님이 있었는데 이분이 아이를 위해 기도해주었고 그때마다 아이는 고통 가운데에서도 평안해지곤 하였다.

그러나 아이의 증세는 의료진들의 적극적인 치료에도 불구하고 호전이 되지 않았다. 입원한 지 며칠이 지나 아이는 의식을 완전히 소실하였다. 인공호흡에 의해서만 심폐기능이 겨우 유지될 뿐이었다. 뇌가 완전히 망가져 더 이상의 의학적 처치는 의미가 없는 상태가 되어 버린 것이었다.

보호자들은 아이가 집에서 임종하길 원하였다. 그런데 그러기 위해서는 기도에 인공삽관이 된 아이의 호흡 유지를 위해 앰뷸런스에 의사가 한 명 동승해야 했다. 당시 소아과 병동의 수석전공의는 필자에게 다녀오는 것이 어떻겠냐고 하여 필자가 아이와 함께 가게 되었다.

집에 도착하여 안방에 아이를 눕혀 놓고 많은 분들이 눈물을 흘리며 애곡하고 있는 가운데 필자는 계속하던 인공호흡(AMBU bagging)을 멈추고 기도에 삽입이 되어 있던 관을 제거하겠다고 보호자들에게 말을 하였다. 그러자 아이의 엄마는 "선생님, 잠깐만요. 찬송을 부르고 나서요."라고 말하며 찬송가 410장 '아 하나님의 은혜로'를 부르기 시작하였다.

찬송을 시작하고 나서는 더욱 울음바다가 되어버렸다. 찬송의 음정박자는 고사하고 가사가 뭔지도 알 수 없는 패닉 상태가 초래되었다. 그래서 이렇게 듣고만 있어서는 안되겠다는 생각이 들어 필자는 큰 목소리로 410장을 부르며 (다행히 410장은 필자가 외우고 있던 몇 안되는 찬송가 중의 하나였다.) 가족들이 정확하게 따라 부르도록 유도를 하였다.

4절까지 마치고 필자가 다시 보호자들에게 인공호흡을 멈추고 삽입된 관을 제거하겠다고 하자 또 아이의 엄마가 "선생님, 잠깐만요." 하면서 "선생님이 우리 아이를 위해 기도해주신 다음에 그렇게 해주세요."라며 필자에게 명령(?)을 하였다.

갑작스런 기도요청에 순간 당황스러웠지만 이 아이의 죽음이 의미가 있도록 하려면 아이의 아빠가 기도에 동참하는 것이 필요하리라는 생각이 들었다. 그래서 아이 아빠에게 함께 아이의 가슴에 손을 대고 같이 기도하자고 요청하였다. 몇 초의 정막이 흐른 뒤 아이 아빠는 무릎을 꿇고 아이의 가슴에 손을 얹었고 또 엄마도 손을 얹은 후 필자가 두 분의 손을 감싸고 나서 기도를 하였다.

"하나님 아버지, ○○의 기도가 응답되게 하여 주심을 감사드립니다. …
○○의 아빠도 예수님을 구주로 영접하고 사랑하는 딸을 하늘나라에서
만나게 하여 주세요. 예수님의 이름으로 기도드립니다. 아멘."

3. 사례2

필자가 온누리교회에 다닐 때 같은 순모임에서 알게 된 이○○ 장로님
이란 분이 계셨다. 이 장로님은 필자보다 연배가 십년 정도 위셨는데
깊은 신앙심과 성숙한 인품을 지니셨으며 또 특별히 필자를 친동생처
럼 아껴주셨기 때문에 필자는 이 장로님을 멘토로 여기며 사랑의 교제
를 나눌 수 있었다.

어느 날 이 장로님이 필자에게 요즘 종아리 근육이 뭉쳐서 조금 불편
하다고 하셨다. 침도 맞아보고 마사지도 받아 보았는데 별 차도가 없다
고 하셨다. 필자에게 보여주시는 종아리를 보니 단순히 근육이 뭉친 것
으로 생각이 되지 않아 필자가 근무하는 병원으로 오셔서 정밀검사를
받으시라고 하였다.

MRI를 찍어본 결과 악성근육종의 하나로 판명이 되었다. 매우 희귀
한 병인지라 당시 우리나라에서 이 병에 대해 제일 경험이 많은 정형외
과 전문의를 수소문하여 원자력병원에서 수술을 받으시도록 하였다.
이 장로님이 병원에 입원해 계시는 동안 몇 차례 문병을 갈 기회가 있
었다. 한 번은 이 장로님이 병실에 여러 환우들을 모으시고는 필자에게
말씀을 전하라고 하셨다. 환자가 되어 병원에 입원하였으므로 내게는

병원이 선교지가 아니겠냐는 이 장로님의 말씀을 거역할 수가 없어 필자는 식은땀을 흘리며 환우들에게 하나님의 말씀을 선포할 수밖에 없었다.

그리고 나자 이 장로님은 휠체어에 앉아 있는 한 청년을 필자에게 소개시켜 주셨다. 자신이 요즘 위해서 기도하고 있는 환우인데 사정이 매우 딱하다고 하셨다. 고아로 자라나 고등학교를 졸업하고서 전기기술자로 한 십년간 열심히 일해서 돈 좀 모아 장가도 가려고 하였는데 근육암이 생겨 하지 절단을 하게 되었고 또 몇 차례 재발을 하여 현재는 폐에까지 암세포가 전이된 상태로 앞으로 한두 달밖에는 더 살지 못할 것이라고 하셨다.

아울러 투병생활을 하느라 그동안 모아놓았던 돈을 다 써버렸는데 혈육이라고는 결혼한 여동생이 하나 있지만 그 여동생도 장애인인 데다가 경제적으로 어려워 면회도 자주 오지 못한다고 하셨다. 그리고 기독교모임에는 가끔 나오기도 하지만 아직까지 예수님을 영접하지 않아 안타깝다고 하셨다.

소개받은 그 서른두 살의 환우와 마주하였다. 빡빡 깎은 머리, 약간은 창백하고 야윈 얼굴, 무언가를 갈망하는 눈빛을 보며 속으로 눈물을 삼켰다. 그리고 무슨 말부터 꺼낼까 생각하다가 양복 안주머니에서 지갑을 꺼내 가지고 있던 돈을 모두 그 청년에게 주었다. "이 돈으로 맛있는 것 사먹으세요." 서슴없이 돈을 받고서 얼굴에 잠시 미소가 번지는 것을 보며 번개기도를 하였다. '하나님, 이 영혼을 불쌍히 여겨주세요.'

그리고는 직설적으로 복음(福音)을 전하기 시작하였다. "저는 ○○씨에게 매우 귀한 선물을 드리고 싶습니다. 영생(永生)이란 선물을 선사하고 싶습니다. 물론 이것은 제가 드리는 것이 아니고 하나님께서 주시는 선물입니다. ○○씨는 얼마 후면 이 세상을 떠나야 하지요. 그런데 죽으면 끝이 아닙니다. 천국 아니면 지옥에 가게 됩니다. 예수님을 구주로 영접하여 죄를 용서받으면 천국에 가고 예수님을 구주로 영접하지 않아 죄가 그대로 있게 되면 지옥으로 갑니다. … 예수님을 ○○씨의 구원자와 주님으로 마음에 모셔들이시겠습니까?'

그러자 그 청년은 주저하지 않고 영접기도를 하였다.

"주 예수님, 죄인인 저를 불쌍히 여겨주세요. 저는 죽어서 지옥에 가고 싶지 않습니다. 예수님께서 저의 죄를 위해 십자가에서 돌아가시고 또 부활하신 것을 믿습니다. 이 시간 저는 예수님을 저의 인격적인 구원자와 주님으로 모셔들입니다. 저를 구원해주시는 은혜에 진심으로 감사드립니다. 아멘."

영접기도를 하고 난 후 이 청년은 밝은 미소를 지으며 "속에 무언가 얹혀 있었던 것 같은데 이제는 뻥 뚫린 것처럼 시원해요."라고 혼잣말처럼 조용히 속삭였다.

그리고 이 장로님에게 전해들은 바로는, 이 형제는 예수님을 영접하고 나서 모든 예배와 기도모임에 적극적으로 참여하였을 뿐 아니라 늘 기쁘게 병실 생활을 하였으며 약 한 달 뒤 마지막 숨을 거둘 때에도 얼굴에 평안이 넘쳤다고 하였다.

4. 사례3

이 장로님은 병원선교사로서의 사명을 잘 감당하고 계셨지만 이 장로님의 건강은 점차 악화되었다. 다리를 절단하는 수술과 수차례의 항암치료에도 불구하고 척추에 암세포가 전이되어 급기야 서울대학교병원으로 옮겨 항암치료를 계속 받으시게 되었다.

그러나 척추에 퍼진 암세포로 인해 하루의 대부분을 극심한 고통 가운데 지내시게 되었는데 고통이 심해 침대에서 떼굴떼굴 구르실 때마다 쉬지 않고 성경구절을 암송하시며 하나님께 더 가까이 나아가고자 하셨다.

의학적으로 볼 때 이 장로님이 주님께로 가실 날이 며칠 남지 않았다고 생각되던 어느 날 필자는 이 장로님께 특별한 부탁을 드렸다. "장로님, 송구스럽지만 이제 이 세상에서는 다시 못 볼 것 같은데 지금 저를 위해 기도해주시겠습니까?"

침상에서 몸도 제대로 가누시지 못하시던 이 장로님은 잠시 몸을 추스르시고 앉으신 후 필자의 어깨에 손을 얹으시고는 폭포수와 같은 뜨거운 기도로써 필자를 축복해주셨다. 그리고 며칠 후 주님의 품에 안기셨다.

5. 사례4

이년 전 평소 친형제처럼 친하게 지내오고 있는 선배 교수의 부친께서 필자가 근무하는 가천의대길병원에 입원하셨다. 고등학교 및 대학교 선배이시기도 하고 또 같은 믿음을 소유하였기에 가족들끼리도 매우 가깝게 교류하고 있는 가정이라 그 부친의 상황도 잘 알고 있었는데 입원하셨다니 일순간 반가운(?) 마음도 들었다. 특히 그 부친께서 당시 99세이셨음에도 아직까지 구원을 받지 못한 사실을 알고 있었기에 오래 전부터 그 부친의 영혼구원을 위해 매일 기도해오고 있던 터라 약간은 부담을 느끼며 병실로 찾아뵈었다.

처음에는 여러 동료 크리스천 교수들과 함께 방문하여 잠시 쾌유를 위해 기도하고 나왔는데 막상 만나 뵙고 나니 마음에는 더 큰 부담이 되었다. 아마도 이번에는 회복되어 퇴원을 하지 못하실 수도 있겠다는 판단이 서자 복음을 바로 전해야겠다는 중압감이 밀려왔다.

일과 후 병실로 다시 찾아뵈었다. 예수님이 어떤 분이신지 말씀드렸는데 듣기는 들으시나 반응을 별로 하지 않으셨다. 특히 귀가 어두워 큰 소리로 말해도 잘 못 알아들으시기 때문에 소통에 심각한 문제가 있었다. 선배 교수의 말로는, 그 부친께서 신문을 읽으실 정도로 시력은 좋으시나 청력은 상당히 안 좋으신데 텔레비전을 보실 때 볼륨을 최대로 올리시기 때문에 이웃의 신고를 받고 파출소에서 나온 적도 있을 정도라 하였다.

그래서 다음부터는 칠판을 사용하여 복음을 전하기 시작하였다. 말하고 쓰고 말하고 쓰고를 반복하는데 차츰 관심을 갖고 이해를 하기 시작하셨다. 그리고 토요일 오전 필자가 회진을 마치고 다시 방문을 하자 어느 날보다도 필자를 반갑게 맞이하셨다. 이번에는 한 시간 이상에 걸쳐 보다 구체적으로 구원의 길(Roman Road, 롬3:10,12,23; 5:12; 6:23

상; 5:8; 6:23하; 10:9,10,13)을 칠판에 써서 설명하였다. 그리고 나서 예수님을 구주로 영접하지 않으시겠냐고 여쭤보았다. 그러자 고개를 끄떡이셨다. 다시 핵심 사항을 칠판에 적으면서 동의하고 믿으시는지 여쭤보았는데, 본인이 지옥에 갈 수밖에 없는 죄인인 사실과 예수님이 십자가에서 죄 문제를 다 해결해주시고 부활하신 사실을 이제는 믿으신다고 하시며 소리 내어 영접기도를 하셨다. 그리고 며칠 후 하나님의 부름을 받으셨다.

6. 마무리

우리는 태어난 이상 죽음을 향해 가고 있는 존재이다. 그런데 죽음에는 순서가 없다. 노년은 물론 장년이나 청년 심지어 어린이라도 언제든 이 세상을 떠날 수 있다.

필자는 이 글을 읽는 모든 분들이 위에 열거된 임종의 주인공들처럼 구원받아 어떠한 죽음을 맞이하더라도 다 천국에 들어가시기를 진심으로 기원한다.

웰다잉

1. 들머리

'웰다잉' (well-dying)에 대한 사회적 관심이 날로 증가되고 있는 가운데 지난 1월 8일 일명 '웰다잉법' 으로 불리는 연명의료법이 국회 본회의를 통과했다. 사망에 임박한 환자에게 치료의 의미가 없는 단순 연명의료행위를 중단하여 '존엄사' (尊嚴死)를 택할 수 있는 합법적인 길이 열린 것이다.

그래서 웰다잉이 자칫 잘 죽는 것을 도와준다는 안락사의 개념과 혼동될 수도 있긴 하지만 웰다잉은 '살아온 날을 아름답게 정리하는, 평안한 삶의 마무리를 일컫는 말'로 쓰이고 있다. 또한 한국죽음학회에서 강조하는 것처럼 '당하는 죽음이 아니라 맞이하는 죽음'을 함축하는 말이기도 하다.

웰다잉을 위한 다양한 프로그램들이 소개되고 있는데 그중 자신의 묘비명(碑文)이나 자신의 부고기사를 직접 작성하는 것이 권장이 되고 있다. 자신의 삶이 타인에 의해 어떻게 평가되고 있는지를 객관적으로 알게 된다면 그의 나머지 삶은 분명 웰다잉에 적합한 방식으로 바뀔 수 있을 것이기 때문이다.

아마도 노벨상이 제정된 계기가 이에 대한 좋은 예가 될 것이다. 1888년 프랑스의 한 신문에서 알프레드 노벨과 사망한 그의 형 루드비그 노벨을 혼동하여 '죽음의 상인, 사망하다'라는 제목의 기사를 내보냈는데 마침 자신의 부고기사가 난 이 신문을 읽은 알프레드 노벨이 큰 충격을 받아 노벨상을 만들게 되었기 때문이다.

즉 노벨이 이 '때 이른 사망기사'를 통해 충분히 예상할 수 있는 사후의 오명을 피하기 위해 천문학적인 자신의 전 재산을 내어놓고 노벨상을 제정함으로써 그는 웰다잉 곧 품위 있는 죽음을 온 세상에 보이게 되었던 것이다.

그렇다면 우리는 성경적인 관점에서 웰다잉을 이루기 위해 우리의 비문(碑文)이나 부고기사가 어떻게 작성이 되어야 할지 한번 진지하게 생각해보았으면 한다.

2. 그리스도인(Christian)

무엇보다도 가장 중요한 것은 '그리스도인' 이란 단어가 들어가 있어야 한다.

교육가 페스탈로치(1745~1827)처럼 '모든 일을 남을 위해 했을 뿐, 그 자신을 위해서는 아무것도 하지 않았던 사람' 이나 기업인 카네기(1835~1919)처럼 '자기보다 훌륭한 사람들을 곁에 모으는 기술을 가졌던 사람' 으로 인정받는 것도 좋은 일이나, '그리스도인' 으로 기록이 되어 있지 않다면 그는 진정으로 웰다잉을 한 것이 아니다.

사람이 죽게 되면 그 즉시 그의 혼(soul)은 심판을 받아 천국 아니면 지옥으로 가게 된다(히9:27; 눅16:19-31). 물론 천국은 그리스도인이, 지옥은 비그리스도인이 가게 되는 것이다.

그렇다면 어떻게 하여야 그리스도인이 될 수 있는지, 즉 혼(soul)이 지옥에 가지 않고 천국에 갈 수 있는지 알아보도록 하자.

> "의로운 사람은 없나니 단 한 사람도 없으며"(롬3:10)
>
> "모든 사람이 죄를 지어 하나님의 영광에 이르지 못하더니"(롬3:23)

그렇다. 역사상 존재하였던 인간 모두는 단 한 사람의 예외도 없이 하나님의 관점에서는 의롭지 못하며 또한 '죄인' 이기 때문에 우리가 '죄' 문제를 해결하지 못하면 그 어느 누구도 죽어서 하나님의 영광이 가득한 천국에 갈 수가 없다. 그런데 죄에는 반드시 대가가 따르게 된다.

> "한 사람으로 말미암아 죄가 세상에 들어오고 죄로 말미암아 사망이 들어왔나니 이와 같이 모든 사람이 죄를 범하였으므로 사망이 모든 사람에게 임하였느니라."(롬5:12)
>
> "죄의 삯은 사망이요"(롬6:23상)

아담 한 사람이 하나님께서 금하신 선악과를 먹음으로 죄가 세상에 들어왔고 아담의 후손인 우리들 모두가 죄 가운데 태어나기 때문에 죄인인데 죄의 대가는 사망이라고 하시는 것이다.

그런데 죄의 대가인 사망은 '육(肉)적 사망'과 '영(靈)적 사망' 두 가지로 나뉜다. 사람이 죄 문제를 해결하지 못하여 영적으로 죽은 상태에서 육신적으로 죽는다면 그 사람은 불못(계20:10-15; 21:8)이라고 불리는 '둘째 사망' 곧 '영(靈)적 사망'의 고통을 영원토록 겪어야 한다. 즉 죄인인 사람은 죄의 대가를 치르기 위해 영존하는 불못의 고통을 겪어야만 하는 것이다. 그런데 지옥에서 천국으로 갈 수 있는 기회는 전혀 없다. 한 번 지옥에 가면 영원토록 그곳에 머물며 고통 가운데 있게 되는 것이다(눅16:19-31).

3. 복음(Gospel)

그런데 아주 놀랍고도 복된 소식이 있다. 그것은 예수님께서 그 죄 값을 다 치르셨다는 사실이다. 과거의 죄뿐 아니라 현재와 미래의 죄까지 단번에 다 해결하셨다(히10:10).

> "우리가 아직 죄인이었을 때에 그리스도께서 우리를 위하여 죽으심으로 하나님께서 우리를 향한 자신의 사랑을 당당히 제시하시느니라."(롬5:8)

그렇다. 예수님께서는 우리 모두를 위해 십자가에서 '보배로운 피(寶血)'를 흘려 돌아가셨다(벧전1:19). 인류의 모든 죄를 다 씻어주실 수 있는 '무죄(無罪)한 피'를 흘리시고 우리가 받아야 할 지옥·불못의 영원한 고통을 대신 받으셨다(마27:4; 요일1:7). 따라서 이제 이 모든 사실을 믿고 예수님을 구주로 모셔들이기만 하면 누구든지 구원을 받고 영원한 생명을 얻게 되는 것이다(롬6:23하).

> "하나님의 선물은 예수 그리스도 우리 주를 통한 영원한 생명이기 때문이니라."(롬6:23하)

다시 말해 예수님을 자신의 인격적인 구원자와 주님으로 영접하면 그 순간 하나님의 선물인 영원한 생명을 얻게 되어 언제 이 세상을 떠나가든지 지옥에 가지 않고 하나님의 영광이 가득하고 부활하신 예수님이 계신 천국에 바로 들어갈 수 있게 되는 것이다(마1:21; 요1:12; 3:16).
그러할 때 우리는 '그리스도인'이 되는 것이요, 영적으로 다시 태어나게(born again) 되는 것이요, 하나님의 자녀로 신분이 바뀌게 되는 것이요, 감히 하나님을 아바, 아버지라고 부를 수 있게 되는 것이요, 하나님의 상속자가 되는 것이요, 천국시민권자가 되는 것이요, 어린양의 생명책에 이름이 기록되는 것이요, 하나님의 호적에 새로운 피조물로 다시금 출생신고가 되는 것이다(요1:12; 3:3-7; 행11:26; 롬8:14-17; 고후 5:17; 빌3:20; 계21:27; 22:4).

4. 선행(good works)

그런데 우리가 성경적인 관점에서 웰다잉을 이루기 위해서는 우리의 비문(碑文)이나 부고기사에 '그리스도인' 이란 단어가 들어가는 것으로 만족해서는 안 된다.

물론 우리는 오직 믿음을 통해 은혜로 구원을 받게 된다. 결코 행위로는 구원을 받을 수 없다. 그리고 한번 받은 구원은 영원히 보장되는 것이 성경적 진리이다.

> "너희가 믿음을 통해 은혜로 구원을 받았나니 그것은 너희 자신에게서 난 것이 아니요 하나님의 선물이니라. 행위에서 난 것이 아니니 이것은 아무도 자랑하지 못하게 하려 함이라."(엡2:8,9)

그러나 구원받은 후 우리에게는 하나님의 자녀 또는 천국시민권자로서의 행위가 요구된다.

> "우리는 그분의 작품이요 그리스도 예수님 안에서 선한 행위를 하도록 창조된 자들이니라. 하나님께서 그 선한 행위를 미리 정하신 것

은 우리가 그 행위 가운데서 걷게 하려 하심이니라."(엡2:10)

하나님께서 우리를 구원하신 목적은 단지 우리가 지옥에 가지 않고 천국에 들어가도록 하시기 위해서가 아니다. 물론 천국은 기본이지만 그리스도 예수님 안에서 선한 행위를 하도록 우리를 구원하신 것이다.

그리고 우리의 약함을 잘 아시는 하나님께서는 우리가 선한 행위를 잘할 수 있도록, 그 '동기를 유발하기 위해 우리에게 보상을 약속하셨다.

5. 그리스도의 심판석(the judgment seat of Christ)

"내게 주어진 하나님의 은혜에 따라 내가 지혜로운 주건축자로서 기초를 놓았고 다른 사람이 그 위에 세우되 저마다 어떻게 그 위에 세울지 주의할지니라. 아무도 이미 놓은 기초 외에 능히 다른 기초를 놓을 수 없나니 이 기초는 곧 예수 그리스도시니라. 그런데 만일 어떤 사람이 이 기초 위에 금이나 은이나 보석이나 나무나 건초나 짚을 세우면 각 사람의 일이 드러나리라. 그 날이 그것을 밝히 드러내리니 이는 그것이 불에 의해 드러나고 그 불이 각 사람의 일이 어떤 종류인지 그것을 시험할 것이기 때문이라. 어떤 사람이 그 기초 위에 세운 일이 남아 있으면 그는 보상을 받고 어떤 사람의 일이 불타면 그는 보상의 손실을 당하리라. 그러나 그 자신은 구원을 받되 불에 의해 받는 것 같이 받으리라."(고전3:10-15)

그리스도인의 삶의 기초가 되시는 예수 그리스도를 위해 어떠한 삶을 살았느냐에 따라 그 보상(reward)이 다르게 된다. 성도의 삶이 금인지 은인지 보석인지 나무인지 건초인지 짚인지는 그리스도의 심판석에서 결정된다.

> "우리가 반드시 다 그리스도의 심판석 앞에 나타나리니 이로써 각 사람이 좋은 것이든 나쁜 것이든 자기가 행한 것에 따라 자기 몸 안에 이루어진 것들을 받으리라."(고후5:10)

교회 시대에 구원받은 성도들은 예수님의 지상 재림에 앞서 공중으로 들려진 후 어린양의 혼인 만찬에 들어가기 전에 그리스도의 심판석에서 심판을 받게 된다.

이때 보상으로 다섯 가지 관(crown, 왕관, 면류관)을 받을 수 있게 된다. 즉 의의 관(딤후4:8), 썩지 않을 관(고전9:25), 생명의 관(약1:12; 계2:10), 영광의 관(벧전5:2-4), 환희의 관(살전2:19,20: 빌4:1) 등이 구원받고 난 후 어떠한 삶을 살았느냐에 따라 그리스도의 심판석에서 주어지게 되는 것이다.

6. 증언(testimony: God-pleaser)

그래서 우리가 성경적인 관점에서 웰다잉을 이루기 위해서는 우리의 비문(碑文)이나 부고기사에 그리스도인이란 타이틀 이외에 우리가 구원받고 난 후 행한 선한 행위들이 기록되어야 할 것이다.

성경에 수많은 믿음의 선진들의 삶이 묘비명처럼 기록되어 있는데 이 중 에녹에 대한 증언이 우리 모두의 것이 되었으면 한다.

에녹은 '헌신된 자'(dedicated one)라는 뜻인데 그는 삼백육십오 년을 살면서 매일 같이 하나님과 함께 걸었고 믿음으로 하나님을 기쁘시게 하는 삶을 살았으며 또한 하나님의 심판이 온다는 메시지를 선포하다가 공중 들림을 받았다(창5:21-24; 히11:5; 유1:14).

> "에녹이 하나님과 함께 걷더니 하나님께서 그를 데려가시므로 그가 있지 아니하더라."(창5:24)
>
> "믿음으로 에녹은 옮겨져서 죽음을 보지 아니하였으니 하나님께서 그를 옮기셨으므로 그들이 찾지 못하였느니라. 그는 옮겨지기 전에 하나님을 기쁘게 하였다는 이 증언을 가졌느니라."(히11:5)
>
> "아담으로부터 일곱째 사람인 에녹도 이들에 관해 대언하여 이르되, 보라, 주께서 자신의 수만 성도와 함께 오시나니"(유1:14)

비록 성경에 세 번밖에 언급되지 않은 에녹이지만 그의 삶은 우리 모두가 지향해야 할 모본이라 여겨진다. 즉 하나님과 함께 걷고(엡2:1; 요3:6; 암3:3) 믿음의 삶을 살며(히11:1-6) 임박한 하나님의 심판을 선포하는(유1:14,15) 삶을 통해 '하나님을 기쁘시게 한 자'란 증언을 보인 에녹처럼 우리의 비문(碑文)이나 부고기사에도 그리스도인(Christian)이란 신분에 더해 '하나님을 기쁘시게 한 자'(God-pleaser)란 단어가 기록되기를 소망한다.

7. 마무리

하나님께서는 "누구든지 주의 이름을 부르는 자는 구원을 받으리라."(롬10:13)고 약속하셨다. '누구든지' 에는 졸고를 읽고 있는 모든 독자가 다 포함이 된다. 여러분의 죄가 얼마나 크고 많든지 상관이 없다. 예수님의 십자가 보혈로 다 깨끗이 씻어질 수 있다.

혹시 아직도 구원받지 못한 독자라면 속히 예수님을 여러분 개인의 인격적인 구주로 마음에 모셔들여서 영생의 복을 얻고 '그리스도인' 이란 타이틀을 갖게 되기를 진심으로 바란다.

그리고 이미 구원받은 그리스도인이라면 그리스도의 심판석을 기억하길 바란다. 우리가 하나님께 충성된 삶을 살게 되면 우리에게 보상으로 관(crown, 왕관, 면류관)이 주어질 수 있다는 사실과 아울러 영적으로 자라나지 못한다면 보상의 손실을 당하게 될 수 있다는 사실을 기억하고 항상 '하나님을 기쁘시게 하는 자' 로서의 삶을 살아가길 바란다.

> "형제들아, 나는 내가 이미 붙잡은 줄로 여기지 아니하고 다만 이 한 가지 일을 행하나니 곧 뒤에 있는 그것들은 잊어버리고 앞에 있는 그 것들에 도달하려고 나아가 그리스도 예수님 안에서 하나님의 높은 부르심의 상을 받으려고 푯대를 향해 밀고 나아가노라."(빌3:13,14)

부록 | APPENDIX

1. Deaths witnessed by a clinician
2. 아담의 유전자
3. 문서선교사로의 초대

부록 1 _ Deaths witnessed by a clinician

Today, the last of this year, shall we think of last moments of our lives? As a doctor I have seen a lot of times of death in the hospital. At this time, I will introduce to you particular last times of kid, youth, adult and old age, respectively.

I'd like to preach under the title of 'Deaths witnessed by a clinician'. Today's Bible verses are Hebrew chapter 9 verse 27 and first Timothy chapter 2 verses 3 and 4.

> Hebrew 9:27 "And as It is appointed unto men once to die, but after this the judgement;"
>
> 1Timothy 2:3,4 "For this is good and acceptable in the sight of God our Saviour; Who will have all men to be saved, and to come unto the knowledge of the truth."

A long time ago when I was working as an intern at Seoul National University Hospital, one girl who was an elementary school student was brought to an emergency room because of a sudden headache.

While various medical examinations were being performed, she asked her father to pray for her. As her daddy was not a Christian, he did not reply to her asking.

The examination showed that she had severe brain swelling. Soon she was moved to the Pediatric Ward and there she continued to ask her father to pray for her. She believed in God and had gone to church with her mother. However, her father didn't believe in God. So in order to make her father a Christian, she begged him to pray.

At that time one lady who was a Sunday school teacher at a certain local church, was in the same room with her. The lady prayed for the child so often that she could calm down.

In spite of the doctor's efforts, her symptoms were not improved. After a few days, she lost her consciousness totally. The only thing she can do was to breathe with the aid of a respirator. As her brain lost its function completely, any medical handling was in vain.

Her parents wanted their child to have her last time at home. For taking her home, a doctor should get in the ambulance to keep the respirator breathing. The chief resident of the Pediatric Department told me "Be with her" and I got in the ambulance to help her, and went to her home.

While her family was grieving with tears looking at her in bed at home, I told them that I would take off the respirator. Then her mother said to me "Doctor, give us time to sing a hymn for her." and began to sing hymn #410 entitled 'I know not why God's wondrous grace.'

All the people burst out crying while singing. No one was singing because they were in panic. Considering I should help them, I sang the hymn with a loud voice and led them to sing correctly because that song is one of hymns which I was able to memorize.

After finishing from one to four verses, I asked them if I could take it off. But her mother asked me to hold on again until after I prayed for her. I was very embarrassed by an unexpected asking for prayer. I thought it would be necessary that her father should pray together in order to make her death meaningful.

So I asked her father if we could pray together taking hands on his daughter's chest. Having a few seconds of silence, he knelt in front of his daughter's body with hands on her chest and also her mother did so. Then I started to pray holding their hands.

"Our heavenly Father, thank you so much for Soo Yeong's prayer request. Please make her daddy meet his beloved daughter some day in Heaven by receiving Jesus as his personal Saviour and Lord. I pray in the name of Jesus Christ, Amen."

It is true that our Lord always listens to the prayer of the righteous even though they are young.

Let's read Proverb 15:29.

> "The LORD is far from the wicked: but he heareth the prayer of the righteous."

When I was a member of Onnuri Presbyterian Church, I got to know Elder Lee. Elder Lee was about ten years older than me. He was not only a very devout Christian but also a man of generosity. He treated me as if I were his real brother and I considered him as my mentor. So we had lovely fellowship in God.

One day he told me that his right calf muscles began to stiffen, and it made him uncomfortable.

He got acupuncture and massage, without any improvement. When I saw his calf, it didn't look like simple stiffening. I suggested him come to my hospital and get a complete medical checkup.

It was confirmed as one of malignant muscular tumors by an MRI.

It was so rare disease that it was not easy to find the best doctor to deal with it. After inquiring here and there about it, I recommended him to get surgery at Korea Cancer Center Hospital where the most experienced orthopedic doctor in Korea worked at that time.

I had visited him many times when he was hospitalized there. One day he gathered many patients and told me to deliver a sermon to them. He said, "Wherever I am, every place is my mission field. Now I am in the hospital as a patient, so this hospital should be also a mission field of mine." Hearing him I had no choice but to agree with his saying. So I delivered a sermon to many cancer patients while I broke out in much cold sweat.

After finishing it, he introduced to me one young man who sat in a wheelchair. He said to me that he had been praying for this young man who was in a most pitiable circumstance. This patient was orphaned. After high school graduation he had worked as an electrician for ten years and had dreamed to marry. But getting muscle cancer, he had surgery to remove the lower part of his body. Sadly, recurring again and again, the cancer spread to his lungs. His doctor said he might live one or two more months.

Under medical treatment he spent all of the money he gathered. His younger sister was the only family he had. But she was a disabled person. She married, and lived far from him. And also under poverty she was not able to visit him many times. He often came to Christian meetings in the hospital, but sadly he didn' t decide to accept Jesus Christ yet.

I faced this man who was thirty two years old. Seeing his shaven head, pale and lean face, and eyes longing for something, I gulped down tears. Considering what I would say, I gave him all of money I had in my wallet. "Please buy some food or what you want."

When he received the money without hesitation and smiled, I prayed quickly to God. 'God, please take pity on this soul.'

I started to spread the Gospel to him right away. "I want to give you a very precious present which is the Eternal Life. This is the gift from God not from me. You will leave this world before long. Leaving this world is not the end. Going to Heaven or hell. Having Jesus as your Saviour and Lord, and getting forgiveness from Him, you will go to Heaven or without forgiveness go to hell. Will you have Jesus as your personal Savior and Lord in your heart?" Without hesitation he prayed.

"Lord Jesus, please give me mercy. I am a sinner. I don' t want to go to hell. I believe that Jesus died upon the cross for my sin and revived. From this time I receive Jesus as my personal Savior and

Lord. Thank you for giving me Grace of Salvation. Amen."

Finishing his prayer, he whispered with a bright smile that he felt so good as if he had been fully cured from severe indigestion.

I had heard some news of him from Elder Lee that this young brother participated in all worship services and prayer meetings eagerly, he spent all the time in the hospital full of joy and his face was full of peace even when he left this world about one month thereafter.

Let's read Acts 2:28.

> "Thou hast made known to me the ways of life; thou shalt make me full of joy with thy countenance."

Elder Lee did work as a hospital missionary very well, with this being said his health was gradually getting worse. Although he got surgery to have his right leg removed and several times of chemotherapies, the cancer spread to his spine and he moved to Seoul National University Hospital.

He had spent very very painful times everyday because of spine metastasis. Whenever pain was so severe and made him roll over and over on his bed, he struggled against the pain by reciting Bible verses without ceasing.

One day when I thought about it from a medical point of view, that he would not have many days before leaving, I asked him an earnest request. "Elder Lee, I am sorry to ask this. I might not ever get to hear you pray if I miss this chance. Would you pray to bless me?"

He had not been able to move his body on his bed, but after a moment he sat on the bed, put his hands on my shoulder, and prayed for me with an impassioned blessing like water coursing over a waterfall. And a few days thereafter, he moved to God's arms.

Let's read James 1:12.

> "Blessed is the man that endureth temptation: for when he is tried, he shall receive the crown of life, which the Lord hath promised to them that love him."

Two years ago, the father of my senior doctor with whom I have had a relationship like a real brother was hospitalized in Gachon University Gil Medical Center where I am working.

I felt fortunate at a moment when I heard his father was staying at my Hospital because my senior and I graduated from the same high school and same university, furthermore under same belief, each family had kept in frequent contacts and I had known his father's situation well.

Especially knowing that his father didn't get saved until he was 99 years old, I had been praying for his father's salvation everyday. Anyway I went to his room under a burden.

At first I visited him to pray for his curing with other Christian doctors, but when I saw him my burden became heavier. Feeling that he might not recover, I got a more grievous burden of spreading the Gospel to him.

After work, I visited him again. I told him who Jesus is but he showed no response. His difficulty in hearing bothered me even though I spoke very loudly.

From my senior doctor I heard that his father had good sight to read newspapers but there were some happenings related to his hearing problem. One day a police man came to visit him after one of his neighbors called because he had turned up the volume to maximum when watching TV.

So I used a white board to deliver the Gospel. By talking and writing again and again, he started to understand and show interest.

On Saturday morning when I visited him again after finishing the rounding of my patients he welcomed me. At this time, I explained the Roman Road to salvation using the white board for more than one hour.

And then I asked him. "Will you accept Jesus as your Savior and Lord?" He nodded.

I wrote the core subject about salvation on the board and asked him if he agrees with it. He said that he is a sinner deserving to go to hell and he believes that Jesus solved all sins on the cross and resurrected 3 days later. He confessed and accepted Jesus as his Saviour and Lord. A few days thereafter he heard God' s calling.

It is true that God is longsuffering, even for more than 99 years, not willing that any should perish, but that all should come to repentance.

Let' s read first Peter 3:9.

> "The Lord is not slack concerning his promise, as some men count slackness; but is longsuffering to us-ward, not willing that any should perish, but that all should come to repentance."

We are destined to death from birth. But there is no order to death. Old aged, middle aged, young adults, and even kids can leave this world at anytime.

This coming new year I wish that all lost persons around us would move from death to Life by God's grace.

부록 2 _ **아담의 유전자**

1. 들머리

　방한 나흘째인 4월 6일 오후 '슈퍼볼 영웅' 하인즈 워드는 자신의 출생 장소인 서울 종로구 이화여대 동대문병원을 어머니 김영희씨와 함께 방문하였다.

　워드는 어머니의 산고가 남아 있는 분만실을 둘러본 뒤 "믿어지지 않습니다. 여기는 내가 태어난 곳입니다. 나의 뿌리가 있는 곳입니다."라고 감격에 겨워하였다. 이어서 30년 동안 낡은 캐비닛 속에 처박혀 잠자던 자신의 출생증명서를 사뭇 진지하게 바라보다가 '1976년 3월 8일'이라는 낯익은 숫자를 확인하자 잠시 머뭇거리더니 이내 눈시울을

붉히고 말았다. 사실 이 한 장의 증명서를 위해 미국으로 간 지 무려 29 년 만에 다시 한국 땅을 찾게 된 것이었기 때문이었다.

병원방문 내내 '살인미소'를 잊지 않은 워드는 "내가 태어나고 시작된 곳을 보고 싶었는데 드디어 오게 되었습니다. 한국을 정말 사랑합니다. 태어난 곳에 돌아와 정말 감개무량합니다. 나는 복받은 사람입니다."라고 말한 뒤 병원을 떠났다.

이날 "하인즈 워드, 이곳은 당신이 태어난 병원입니다.(Heins Ward. This is the hospital where you had your beginning.)"라고 적힌 플래카드를 내걸고 워드 모자를 환영한 이대병원측은 출생증명서를 기념사진첩으로 만들어 워드 모자에게 전달했고 기념방문패도 증정했다.

이처럼 자신의 뿌리를 찾기 위한 갈망은 누구에게나 존재하는 원초적 본능이라 할 수 있을 것이다. 그런데 미국 토크쇼 진행자 오프라 윈프리가 DNA 검사에 의해 남아프리카 최대 부족인 줄루(Zulu)족이라고 판명되었듯이 이제는 단순히 족보나 문서, 증언 등의 고전적 방법이 아니라 유전자(DNA) 검사를 통해 뿌리를 찾는 일이 더욱 쉽고 정확하게 이뤄지고 있다.

2. 한민족의 뿌리(root of Koreans)

그래서 미국에선 지난 몇 년 사이에 자신의 정체성을 찾기 위해서 뿐 아니라 소수 인종에게 주는 혜택과 권리 등을 누리기 위해 DNA 검사를 받는 일이 유행하고 있기도 하다.

그러나 다인종 국가인 미국과 달리 단일 민족 국가인 우리나라에서는 DNA 검사가 친자확인이나 일부 범죄사건에서 주로 시행되어오다가 최근 들어 우리 민족의 뿌리를 찾는 데에도 이용되기 시작하였다.

즉 우리 민족의 뿌리를 시베리아 바이칼호(湖) 인근에서 찾을 수 있다고 믿는 사람들의 모임인 '한국 바이칼 포럼'을 이끌고 있는 서울의대 내분비내과 이홍규 교수의 활동이 대표적인 예라고 할 수 있다. 이 포럼엔 사학, 지질학, 고고학, 언어학, 민속학 등 여러 방면의 학자들도 40여 명이나 참여해서 유전학적 방법을 위시하여 다방면으로 한민족의 형성을 연구하고 있다.

당뇨병전문의인 이 교수가 바이칼호나 민족의 뿌리에 관심을 갖게 된 이유는 한국 사람과 중국 북부 사람들이 당뇨병을 유발하는 공통적인 유전자(HLA)형을 갖고 있다는 사실 때문이었다. 이 교수는 국내 사학자들의 모임에 나가 자신의 연구 내용을 발표한 후 시베리아를 찾아가 현지인들의 유전자를 직접 연구해 보기 위해 2002년 여름 '시베리아의 진주'로 불리는 바이칼호로 수십 명의 학자들과 함께 답사를 하였다.

현지답사 이후 '한국 바이칼 포럼'을 구성한 회원들은 각자의 분야에서 한민족의 기원에 대한 연구에 열심을 내기 시작하여 2004년과 2005년 영문으로 된 두 권의 의학 서적을 편찬하였다. 또한 최근에는 2002년 이후 회원들이 여러 차례 시베리아를 드나들며 연구한 결과를 집대성한 현장보고서인 '바이칼에서 찾는 우리 민족의 기원'(이하 '바이칼 기원')이라는 책자도 출간하였다.

그런데 이 '바이칼 기원'에 의하면 우리 민족은 '북방문화'를 소유한 대칸민족(great Khan people, 몽골리안)이며, 한민족의 원형은 바이칼 지역과 중국 남부에서 2원적으로 형성된 것으로 여겨지게 된다.

3. 인류의 기원(origin of man)

그렇다면 '바이칼 기원'은 정말로 믿을 만한 주장인지, 또 '바이칼 기원'이 맞다면 그 너머에는 무엇이 존재하고 있는지 살펴보지 않을 수 없다.

1987년 인류의 기원에 대하여 세계를 경악케 만든 하나의 가설이 발표되었다. 버클리대학의 윌슨(Allan C. Wilson)이 그해 1월 7일자 네이처에 기고한 논문에서 세계 곳곳의 여성 147명의 미토콘드리아 DNA를 분석하여 이들의 염기 서열(nucleotide sequence)의 변이를 추적하여 계통도를 만들어 본 결과 ('균일론'에 근거하여 백 만년에 2~4% 정도로 미토콘드리아 DNA변이가 있을 것이라는 가정 하에 계산을 하여) 지금으로부터 10만 년 내지 20만 년 전에 아프리카의 에티오피아 지방에 존재했던 한 여성이 현생 인류의 공통의 조상이라는 주장을 하였다.

그의 주장은 수많은 논란을 불러 일으켰지만 10년 후인 1997년 10월 다른 연구팀(Stanford U, U of Arizona, U of Pennsylvania)에서 유사한 방법으로 남성의 세포핵 내의 DNA에 포함되어 있는 Y염색체 서열을 분석하여 발표한 남성 계통 흐름도에 의해서 다시 지지가 되었다. 즉 이들의 독립적인 결과도 현존하는 남성의 공통의 조상은 10만 년 내지 20만 년 전에 에티오피아 지방에 존재했던 한 남성이라는 것이었다.

그리하여 이 두 연구 발표를 종합해서 현생 인류는 지금으로부터 10만 년 내지 20만 년 전에 에티오피아 지방에 존재했던 한 남성과 한 여성의 자손이며, 아프리카로부터 세계 각지로 흩어졌다는 'Out of Africa 이론'이 성립되었다.

그러면 현생 인류(Homo sapiens) 공통의 조상은 '에티오피아'에서, 또 우리 민족의 조상은 '바이칼'에서 기원하는 것으로 정리를 할 수 있을까?

4. 진화론(evolutionism)

이홍규 교수나 윌슨 교수의 주장과 같은 최근의 연구결과들은 얼핏 보면 한 남자와 한 여자를 하나님께서 창조하시고 모든 인류가 그로부터 유래했다는 창조론과 맞물리는 점이 있어서 기독교계로부터도 주목을 받고 있는 것이 사실이다.

그러나 이들의 주장은 성경 속 인물들의 계보 연구에 의해 추정된 '세계 역사 6,000년 + 알파'의 연대 계산과 큰 차이를 보인다는 점뿐만 아니라 기본적으로 '진화론'이라는 '거짓된 가설'에 의존한다고 하는 점에서 우리 그리스도인들이 결코 받아들일 수 없다.

진화론은 이홍규 교수가 '바이칼 기원'의 들어가는 말 첫 문단에서 고백하였듯이 '재현이 불가능한' 것이다. 곧 재현성(reproducibility)이 없으므로 과학(science)이 아니다! 1859년 다윈이 '종의 기원'이라는 책을 통해 진화론을 발표한 후 140여 년 동안 1억 개 이상의 화석이 발견되어 (25만 종의 다른 생물로) 수천의 박물관에 보관되어 있지만 진화의 증거를 보여주는 화석은 하나도 발견되지 않았다.

그리고 가장 낮은 지층에서도 매우 복잡한 구조의 생물체가 발견되는 점, 진보된 생명체들의 갑작스런 출현(Cambrian explosion), 진화도중의 전이(중간)형태의 생물 화석이 발견된 적이 없는 점, 화석으로 나타난 고대 동식물의 모습이 현재와 변함이 없는 점, (대홍수와 같은) '대격변'에 의해 화석이 형성되는 점, 화석과 지층의 형성은 짧은 기간에 이루어졌을 가능성이 매우 높은 점, 현대보다 고대 생명체의 크기가 더 큰 점, 수천만 년 전에 멸종했다는 생물들이 살아 있는 사실, 화석과 지층의 연대가 매우 젊다는 증거들, 화석의 퇴적순서는 진화순서가 아니라 서식지와 기동성 순일 가능성이 높은 점, 수많은 발자국 화석의 발견, 동물과 식물의 화석이 같이 발견되지 않는 점, 사람이 출현하였다는 시대(최대로 400만 년)보다 훨씬 이전인 수억 수천만 년 지층에서 사람의 두개골이나 뼈, 이빨 등이 발견되는 점, 수억 년 된 지층에서 사람의 발자국이나 흔적 또는 사람이 만든 도구들이 발견되는 점 등등을 보면 진화는 '거짓된 가설'임이 너무나도 확실하다.

5. 유인원(hominid; anthropoid)

특히 'Out of Africa 이론'이나 '바이칼 기원'에서 현생 인류(Homo sapiens)의 조상으로 당연시하고 있는 여러 유인원들(hominid)의 화석들은 거의가 다 잘못 해석되었음이 밝혀졌다.

주지하다시피 동일과정적 진화론에서는 사람은 원숭이나 작은 생물체의 직계 후손이었다고 말한다. 그리고 반은 원숭이고 반은 인간인 유인원의 뼈들이 발견되었다고 말하는데 이러한 주장은 교과서에도 그대로 실려 있다. 그러나 이들 유인원들의 뼈에는 심각한 문제점들이 있다.

첫째, 왜 오직 각 견본의 작은 뼈 조각 몇 개만 발견되는가? 왜 완전한 전체 뼈들은 결코 발견되지 않는가? 발견이 적을수록 많은 이론들이 만들어질 수 있다. 우리는 자바원인(Java Man)과 필트다운인(Piltdown Man)의 경우에서처럼 단지 몇 개의 뼈만이 사용될 때 원숭이의 두개골이 얼마나 쉽게 사람의 것으로 속여질 수 있는지를 분명히 경험하였다. 1972년 출간된 'Time-Life'에서는 그동안 발견된 모든 뼈들의 목록을 상세히 기술하고 있는데 총 1,400 예들 가운데 대부분이 뼈 조각들과 격리된 이빨 같은 것들이었다. 사람 전체의 완전한 뼈는 단 하나도 없었다. 거기에는 파편들과 조각들 외에는 아무 것도 없었다.

둘째, 왜 이러한 특별한 뼈들만 부패되지 않는가? 이들 뼈가 1백만 년 이상 된 것이라면 왜 부패되지 않았는가? 실제 뼈들은 흙 속에서 200년 안에 썩어 사라져버린다. 바위 암석에 화석으로 새겨진 경우와 혼동해서는 안 된다. 어떻게 수백만 년씩이나 된 뼈들이 진화론자들이 말하는 것과 같이 인도네시아나 중국, 영국 등의 습한 지역에서 발견될 수 있는가? 실제로 사람과 동물의 뼈들이 수백만 년 동안 썩지 않고 형태를 유지한다면 지금 전 세계에는 수없이 많은 사람과 동물의 뼈들로 덮여 있어야 한다.

셋째, 진화론자들은 사람이 10만 년 전에서 진화를 멈췄다고 결정하였다. 만약 사람이 과거 10만 년 동안 동일했었다면 왜 10만 년 전에는 문자, 기술, 도시, 농사 등과 같은 것들을 만들지 못했을까? 왜 인간의 역사는 단지 5,000년보다도 적게 이뤄지고 있는가?

넷째, 언제나 한 시대마다 오직 한 종만이 발견되는 이유는 무엇인가? 왜 수백 수천 종은 없는가? 만약 이들이 우리의 조상이라면 수백만의 우리의 조상들이 있었을 터인데 말이다.

그래서 1996년 6월 3일자 Time지는 인류의 조상에 대한 특집기사를 마감하며 "현재로서는 원숭이가 진화되어 사람이 되었다는 주장은 사실 데이터에 입각한 과학적 주장이 아니라 한낱 상상에 불과하다."라고 결론을 짓고 있는 것이다.

6. 빙하기(glacial epoch; ice age)

아울러 'Out of Africa 이론'이나 '바이칼 기원'에서는 약 10만 년의 기간 동안 여러 차례 반복된 빙하기로 인해 인류의 이동과 민족적 특성이 설명될 수 있다고 하는데 이 또한 한낱 상상에 불과한 이야기다. 즉 지금까지 진화론자들은 수많은 노력에도 불구하고 합리적이며 만족할 만한 빙하이론을 하나도 제시하지 못하고 있다.

그렇지만 과거에 매우 격렬하고 돌발적인 기후의 대변화(cataclysm)가 있었다는 증거가 있다. 일례로 시베리아에 매장된 매머드들의 위 속에 들어 있는 나뭇잎과 나뭇가지들은 그 지역에서는 자라지 않고 훨씬 더 따뜻한 곳에서만 생장하는 식물들이다. 이를 통해 우리는 당시 시베리아의 기후는 오늘날보다 훨씬 더 따뜻하였고, 위 속에서 음식물의 분해가 이루어지기도 전에 매머드의 몸체가 꽁꽁 얼어버릴 정도로 당시의 기후가 갑자기 변했음을 알 수 있다. 그런데 이와 같은 기후체계의 붕괴는 '노아의 홍수'와 같은 지구전체를 덮었던 '대홍수'가 아니고서는 결코 설명할 수 없는 것이다(창7:11-8:14).

노아의 홍수 이전에 지구를 덮고 있던 수증기층(vapor canopy; water canopy)에 의해 강력한 태양 복사에너지가 흡수되었고, 이어 이 흡수된 열이 재복사됨으로 인해 전세계적으로 따뜻한 기후가 유지되었을 것이다(창1:6-8). 그리고 홍수가 나자 수증기층 내부에 저장되어 있던 열(latent heat)이 방출되어 해수가 데워졌으며, 또한 큰 깊음의 샘(fountains of the great deep)들이 터짐으로써 (약 50,000개 이상의 화산 및 수많은 해저의 화산들로부터) 엄청난 양의 용암 분출이 일어나 이미 데워진 해수를 더욱 데웠을 것이다(창7:11,12).

30°C 이상의 따뜻한 해수는 수년 동안 혹독한 겨울 눈폭풍을 일으킬 수 있는 충분한 수증기를 발생시켰을 것이다. 오늘날의 평균 해수 온도처럼 대양이 원래 4°C 정도였다 하더라도 약 50,000개의 활화산들은 평균 해수 온도를 올렸을 것이고, 이들이 분출한 재와 연무질로 인해 태양빛의 대부분이 차단되었을 것이다. 이러한 화산재와 연무질은 태양으로부터 오는 복사열을 우주로 반사시켜 버리고, 지구로부터 외계로 탈출하려는 열을 잡아두는 역온실효과를 나타내는 역할을 했을 것이다.

이처럼 노아의 홍수 사건은 따뜻한 물로 채워진 대양, 혹한의 겨울 폭풍을 일으키기에 충분한 수증기의 근원 등을 만듦으로써 빙하기에 필요한 조건들을 제공하고 있는 것이다.

> "얼음은 누구의 태에서 나왔느냐? 하늘의 흰 서리는 누가 생기게 하였느냐? 물들은 돌로 숨긴 것같이 굳게 숨겨져 있고 깊음의 표면은 얼어 있느니라."(욥38:29, 30)

7. 분자시계(molecular clock, molecular chronometer, evolutionary clock)

'Out of Africa 이론'이나 '바이칼 기원'에서는 인류의 탄생 연대를 알기 위해 기존에 사용해오던 (그래서 어느 정도 그 비과학성이 일반인들에게도 드러난) 화석의 동위원소 측정법이 아닌 DNA 상에 남겨진 돌연변이율로부터 계산(분자시계, molecular clock)을 하고 있어서 아마도 전문지식이 없는 사람들이라면 이제는 꼼짝없이 이 분자유전학자들이 주장하는 바를 과학적 사실로 받아들일 수밖에 없을 것이다.

그러나 이 최첨단 과학기법이라 하는 분자시계는 근본적으로 심각한 문제점들을 내포하고 있는 또 하나의 '거짓된 가설'에 불과한 것임을 알아야 한다. 곧 분자시계의 창시자인 버클리대학의 사리치(Sarich) 박사가 어떻게 분자시계를 보정(calibration)했는지부터 살펴보면 이 기법에는 다음과 같은 근본적인 문제들이 있음을 알 수 있다.

첫째로, 현 인류의 DNA 염기서열을 관찰할 때 어느 것이 변이한 것이고 어느 것이 변이하지 않은 것인지 어떻게 알 수 있다는 것인가? 첫 인간 아담의 유전자(DNA) 구조는 오직 하나님만이 아신다. 하지만 진화론자들은 인류가 침팬지로부터 진화했다는 거짓된 가정 하에 침팬지를 준거점(original reference)으로 사용한다.

둘째로, 사리치 박사는 한 걸음 더 나아가 진화론에서 화석의 빈도와 연대가 잘 알려진 몇 종의 돌연변이를 관찰하고, 그 화석의 연대와 비교하여 DNA의 기준변화율을 책정하였다. 그리고는 그 변화율을 침팬지와 사람에 적용하여 침팬지로부터 사람의 진화는 약 5백만 년에서 7백만 년 정도라고 주장하였던 것이다.

셋째로, 최근의 다른 진화론자들의 연구결과에 의하면 그 분자시계의 보정도 경우에 따라 엄청난 변화를 보여 신뢰할 만한 것이 되지 못한다고 발표되고 있다.

넷째로, 'Out of Africa' 연구팀들은 이미 인류화석학의 패러다임이 인류가 아프리카로부터 진화했다는 것임을 알고 실험 자료를 편파적으로 처리하여 아프리카 기원(Africa origin)의 결론에 도달한 것이라는 비평을 받고 있다.

마지막으로, 위의 'Out of Africa' 연구팀들이 사용한 분자시계는 전술한 바와 같이 사리치 박사의 화석에 의한 보정법과 그 변화율 계산에 근거한 것인데 작금의 분자생물학자들은 화석의 연구는 이제 진부한 것이기 때문에 첨단과학인 분자생물학으로 대치되어야 한다고 주장을 하고 있다. 아이러니컬하게도 그 첨단 분자생물학의 변화율 보정이 기존의 화석과 진화론의 연대 계산에 의해서 이루어지고 있는 데도 말이다. 이것이야말로 순환논리(circular reasoning)의 전형이다.

8. 아담의 유전자(Adam' s gene)

따라서 'Out of Africa 이론' 이나 '바이칼 기원' 에서 주장하는 바와 달리 첫 인간 아담의 유전자(DNA)는 지금으로부터 약 6,000년 전에 하나님께서 그 어떤 피조물과도 다르게 창조하셨음을 우리는 확실히 알 수가 있는 것이다(창1-2장).

그런데 하나님께서 보시기에 심히 좋게 창조된 아담에게 유전적인 문제가 생기게 된 것은 창조 후 얼마가 지나지 않아서였다. 사탄이 첫 사람 아담과 이브에게 다가와 하나님의 말씀을 변개하여 유혹했을 때 말씀에 올바로 서 있지 못했던 이들은 자유의지(free will)를 남용하여 하나님의 명령을 어기고 선악과를 따먹게 되었다.

신들(gods)과 같이 되려는 교만(창3:5), 먹음직스런 열매를 따먹고 싶은 욕망(창3:6), 눈으로 보기에 즐거움(창3:6) 등으로 인해, 곧 육신의 정욕과 안목의 정욕과 이생의 자랑 때문에 아담과 이브는 그만 죄를 짓고만 것이다(요일2:16). 따라서 무질서도(entropy)가 증가하는 '열역학 제2법칙' 이 태동되면서 아담의 유전자(DNA)도 불완전하게 변해버려 "정녕 죽으리라"(창2:17)하신 하나님의 말씀이 이뤄지게 되었다(창3:17-19; 롬5:12).

'육체의 생명은 피에(in the blood) 있다' (레17:11상)고 하신 하나님께서 '인류의 모든 민족들을 한 피로 만드사 온 지면에 거하게' (행17:26상) 하시며 '죄의 삯은 사망' (롬6:23상)이라 선고하셨기 때문에 죄는 아담의 피에 영향을 미쳐서 그에게 죽음을 가져왔으며 동시에 아담의 피를 물려받은 모든 인류에게도 사망이 초래되도록 하였다. 즉 아담의 부패된 피를 통해 '죄의 유전자'가 온 인류에게 예외 없이 전달되게 된 것이다.

> "그러므로 한 사람으로 말미암아 죄가 세상에 들어오고 죄로 말미암아 사망이 들어왔나니 이와 같이 모든 사람이 죄를 범하였으므로 사망이 모든 사람에게 임하였느니라."(롬5:12)

9. 죄의 유전자(gene of sin)

소아청소년과 의사로서 또한 두 아이를 키우는 아버지로서 아이들의 여러 상황들을 관찰하면서 끊임없이 확인할 수 있었던 것은 시편기자의 다음과 같은 고백들이었다. "보소서, 내가 불법 중에서 형성되었으며 내 어머니가 죄 중에서 나를 수태하였나이다."(시51:5) "사악한 자들은 모태에서부터 떨어져 나갔으니 나면서부터 길을 잃고 거짓을 말하는도다."(시58:3)

세상에 갓 태어난 아기에게서 그 누가 죄의 그림자라도 발견할 수 있겠느냐고 반문하겠지만 성경은 우리의 바람과는 달리 죄 속에서 우리의 존재가 시작됨을 수없이 증언하고 있다. 사도 바울은 로마인들에게 보내는 서신에서 '모든 사람이 죄를 지어 하나님의 영광에 이르지 못하였고'(롬3:23), '의로운 자는 없나니 단 한 사람도 없으며'(롬3:10), '선을 행하는 자가 없나니 단 한 사람도 없다'(롬3:12)며 죄로부터 비켜서 있는 사람이 아무도 없음을 알려 주고 있다. 아울러 욥은 "누가 정결한 것을 부정한 것 가운데서 가져올 수 있나이까? 아무도 없나이다."(욥 14:4)라면서 죄의 현상의 뿌리가 인간의 조성 시점으로까지 거슬러 올라감을 언급하고 있다.

그래서 아담으로부터 '죄의 유전자' 를 물려받은 아담의 후손들은 누구나 예외 없이 '죄의 삯' 인 사망을 자기 몫으로 받게 되어서 '육체적 사망' 과 함께 '영적 사망' 에까지 처해지게 되는 것이다(롬6:23상; 계 20:10-15; 21:8).

> "두려워하는 자들과 믿지 않는 자들과 가증한 자들과 살인자들과 음행을 일삼는 자들과 마법사들과 우상 숭배자들과 거짓말하는 모든 자들은 불과 유황으로 타는 못을 자기 몫으로 받으리니 이것이 둘째 사망이라."(계21:8)

10. 예수님의 유전자(Jesus' gene)

그러면 이 죄의 유전자를 어떻게 치료하여야 둘째 사망 곧 영원한 지옥 · 불못의 형벌로부터 벗어날 수 있는 것일까? 그 답은 너무나도 간단하다. 죄의 유전자가 없는 피를 받아들이는 것이다.

첫 사람 아담 이래 모든 사람이 죄가 있는 SIN(+)혈액형을 갖고 있지만 마지막 아담으로 오신 예수님만은 죄가 없는 SIN(-)혈액형을 가지셨다(롬5:14하; 고전15:45; 마27:4). 따라서 아담의 유전자를 물려받지 않은 예수님의 유전자 곧 예수님의 피를 받아들이는 자는 누구든지 자기의 죄를 완벽하게 치료받을 수 있으며 구원에 이르게 된다(롬5:8,9; 히9:13,14; 요일1:7-9; 계12:10,11).

> "그러므로 기록된바, 첫 사람 아담은 살아 있는 혼이 되었다, 함과 같이 마지막 아담은 살려주는 영이 되셨느니라."(고전15:45)

하나님께서는 여자를 창조하실 때 피가 여자로부터 여자의 후손에게 흘러가지 않도록 하셨다! 산모의 자궁에서 자라나고 있는 태아에게 산모는 태반을 통하여 태아의 성장에 필요한 영양분만을 공급할 뿐이고 피는 단 한 방울도 주지 않는다는 것은 의학적으로 아주 오래 전부터 입증된 사실이다.

태반을 통해 단백질, 지방, 탄수화물, 무기질, 항체 등등의 갖가지 영양소들과 산소는 수동적, 능동적, 또는 촉진적 이동(transport) 등의 기전에 의해 태아에게 넘어가고 대신 태아의 신진대사 작용으로 생긴 노폐물은 산모의 혈액으로 되돌아오게 된다. 그러나 태반 안에서 정상적인 경우 단 한 방울의 피도 서로 교환되지 않는다. 오로지 태아의 피는 태아 자체의 조혈기관(fetal hematopoietic organs)에서 생성되는 것이다!

따라서 하나님께서는 예수님이 죄가 없는 SIN(-)혈액형을 갖고 태어나도록 하시기 위해 처녀탄생이란 방법을 택하셨다. 처녀 마리아 속에서 성령님에 의해 수태된 예수님은 (비록 마리아는 죄가 있는 SIN(+)혈액형을 갖고 있었지만) 아무 문제없이 마리아로부터 영양분을 공급받을 수 있었던 한편 '육신적으로는 다윗의 자손'이 되셨던 것이다.

11. 예수님의 피(Jesus' blood)

그러므로 SIN(-)인 예수님의 피는 성령님께로부터 받은 무죄하신 피
(innocent blood)요, 거룩하신 피(divine blood)요, 썩지 않은 피
(incorruptible blood)인 것이다(마27:4).

악인을 결코 사하지 아니하시는(나1:3) 공의로운 하나님께서 죄로 말
미암아 사망에 처한 인류를 구원하기 위해 취하실 수 있는 방법은 단 한
가지였다. 자신의 독생자(his only begotten Son)를 주시는 것밖에는 다
른 방도가 없었다. 하나님이신 예수님께서는 사람으로 오셔서 자신의
몸에 온 세상 죄를 짊어지고 십자가에 달려 죽으셨다. 십자가에서 SIN(-)
인 피를 흘려 그 피로 모든 사람의 죄 값을 지불하셨다.

그러므로 누구든지 예수님께서 자기 죄를 위하여 피 흘려 돌아가셨
다고 믿는 그 순간 그 사람의 죄가 십자가로 이전되어 영원히 없어져 버
리는 것이다!

> "그분의 아들 예수 그리스도의 피가 모든 죄에서 우리를 깨끗하게
> 하시느니라."(요일1:7하)
>
> "하나님께서 세상을 이처럼 사랑하사 자신의 독생자를 주셨으니 이
> 것은 누구든지 그를 믿는 자는 멸망하지 않고 영존하는 생명을 얻게
> 하려 하심이라."(요3:16)

12. 마무리

앞서 간략히 살펴본 바대로 진화론은 과학이 아니라 거짓된 가설이다. 그럼에도 이 역시 수많은 현대인들이 최첨단 과학으로 굳건히 믿고 있는 것이 작금의 상황이다.

그렇다. 과학을 숭배하며 마귀들의 교리와 꾸며낸 이야기를 따르길 좋아하는 이 시대는 마지막 아담이신 예수님께서 다시 오시기 바로 직전(末世之末)인 것이다(딤전4:1; 딤후4:3,4).

이제 이 마지막 때를 살아가는 우리에게 말씀하시는 주님의 음성에 귀를 기울이도록 하자.

> "정신을 차리라. 깨어 있어라. 너의 대적(對敵) 마귀가 울부짖는 사자같이 두루 다니며 삼킬 자를 찾나니"(벧전5:8)
>
> "오 디모데야, 속되고 헛된 말장난과 거짓으로 과학이라 불리는 것의 반론들을 피하며 네게 맡긴 것들을 지키라."(딤전6:20)

문서선교사로의 초대 >>>

문서선교사로 여러분을 초대합니다

건강과 생명 보내기 운동 후원신청서

천사가 되어주세요! 1개월 1만 원의 후원금으로 4명에게
《건강과 생명》을 보내는 천사구원 운동에 여러분을 초대합니다!

이 캠페인은 매달 1인 1구좌 1만원의 후원금 약정을 통해 기증 4권(혹은 본인 1권, 기증 3권)을 월간 《건강과 생명》을 필요로 하는 곳(병원, 교도소, 원목실, 호스피스 단체, 장애인 단체, 개척교회, 낙도 오지 등)에 보내는 운동입니다.
한(1)사람이 네(4)권을 기증해 사람을 구원(91)하는 전도사역입니다. 월 만원의 후원금으로 천하보다 귀한 영혼을 구원하고 낙심과 실의에 빠진 영혼을 일으켜 세우는 귀한 문서사역에 여러분의 많은 참여를 부탁드립니다.

신 청 서

후원금액 : 월 ____구좌____만원 (1구좌 : 1만원, 2구좌 : 2만원, 5구좌 : 5만원, 10구좌 : 10만원)	
은 행 명 : 우리, 국민, 신한, KEB하나, 농협, SC 기업, 우체국, 기타( )	출금 희망일: (셋 중 하나 선택) ☐5일 ☐15일 ☐25일
계좌번호:	생년월일(혹은 사업자등록번호):
예금주: 휴대폰:	이체 개시일 : 20 년 월 일

신청인 (월간지 발송과 추후 확인을 위해 필요한 사항이니 자세히 기입해 주세요)

이 름		성 별	남 / 여	예금주와의 관계	
주 소					
전 화			휴대폰		
기증부수 발송형태	☐ 본인 1부 + 나머지 부수 기증		☐ 전체 부수 기증	☐ 기타	

개인정보 활용동의 (자동이체 신청에 필수적인 항목이니 동의함에 체크해주세요)

개인정보 수집 및 이용동의	• 수집 및 이용목적 : 효성CMS 자동이체를 통한 요금 수납 • 수집항목 : 성명, 생년월일, 연락처, 은행명, 예금주명, 계좌번호, 예금주 휴대전화번호 • 보유 및 이용기간 : 수집/이용 동의일부터 자동이체 종료일(해지일)까지 • 신청자는 개인정보의 수집 및 이용을 거부할 수 있습니다. 단, 거부 시 자동이체 신청이 처리되지 않습니다. 동의함 ☐ 동의하지 않음 ☐
개인정보 제3자 제공동의	• 개인정보를 제공받는 자 : 효성에프엠에스(주) 금융기관(해당 신청가능은행 참조), 통신사(SKT, KT LGU+, CJ헬로비전)등, 자세한 내용은 홈 페이지 게시(www.efnc.co.kr / 제휴사 소개 메뉴 내) • 개인정보를 제공받는 자의 이용 목적 : 자동이체서비스 제공 및 자동이체 동의 사실 통지 • 제공하는 개인정보의 항목 : 성명, 생년월일, 연락처, 은행명, 예금주명, 계좌번호, 예금주 휴대전화번호 • 개인정보를 제공받는자의 개인정보 보유 및 이용기간 : 동의일부터 자동이체의 종료일(해지일)까지 단, 관계 법령에 의거 일정기간 동안 보관 • 신청자는 개인정보에 대해 수납업체가 제 3자에 제공하는 것을 거부할 수 있습니다. 단, 거부 시 자동이체 신청이 처리되지 않습니다 동의함 ☐ 동의하지 않음 ☐

※ 자동이체 동의여부 통지 안내 : 효성에프엠에스(주) 및 금융기관은 안전한 서비스의 제공을 위하여 예금주 휴대번호로 자동이체 동의 사실을 SMS(또는 LMS)로 통지합니다

신청인(예금주)은 신청정보, 금융거래정보 등 개인정보의 수집 · 이용 및 제 3자 제공에 동의하며
상기와 같이 효성CMS 자동이체를 신청합니다.

신청일: _____ 년 ___월 ___일

신청인 이름: _____ 서명: _____
예금주 이름: _____ 서명: _____
(신청인과 예금주와 다를 경우)

지금 즉시 신청하세요!
☎ **02-3673-3421**

월간 건강과생명 보내기 운동본부

서울시 종로구 대학로7길 7-4 1층 월간 건강과 생명 전화: 02)3673-3421 Fax:02)3673-3423 www.healthlife.co.kr